Helli Angermann

Vom Hiatzana
Grindschaber,
Hackl-Unter,
der Lehrerin Grob,
dem Sündenbüchlein
und vielem anderen mehr…

Lebenserinnerungen
eines
Sonntagskindes

Universal Frame

3., neu durchgesehene
Auflage
Universal Frame Verlag
Werner Hense
Zofingen
ISBN 9783905960440

Vorwort

Wieso der Titel „Lebenserinnerungen eines Sonntagskindes“?

Ich bin ein Wiener Kind und gehöre der Generation an, die den zweiten Weltkrieg und die darauffolgende harte Nachkriegszeit hautnah miterlebt hat. Dennoch hat es das Schicksal trotz aller Schwierigkeiten gut mit mir gemeint. Es hat mir immer einen Ausweg gezeigt, auch dort, wo es manchmal fast keinen zu geben schien und es hat mich auf einen guten Pfad geführt.

Ich bin ein Sonntagskind, das heisst, an einem Sonntag geboren. Man mag nun dran glauben oder nicht, dass Sonntagskinder vom Schicksal privilegiert sind. Jedoch alles, was mir im Leben widerfahren ist und eine glückliche Lösung gefunden hat, führe ich darauf zurück, dass Sonntagskinder einen besonders gütigen Stern haben, der sie auf ihrem Weg begleitet.

Anflug auf Kärnten, Steiermark

„Anflug auf Kärnten, Steiermark!“ rief die Ederin im Vorbeigehen zur offenen Stalltür herein. Sie hatten zu Hause ein Radio, wir hatten keins. Wie hätte das auch funktionieren sollen, selbst wenn wir eins gehabt hätten? Es gab ja nicht einmal elektrischen Strom im Haus. Wenn es dunkel wurde, sassen wir beim matten Schein der Petroleumlampe um den Tisch herum. Tante Rosi stopfte Socken, unsere Grossmutter machte sich über einen Berg Wolle her, um sie zu Garn zu spinnen, der Grossvater nahm hin und wieder eine Prise Schnupftabak, obwohl die Grossmutter immer schimpfte, weil er ihn überall in der Stube verstreute. Dann bettelten Herbert und ich ihn, dass er uns unsere Lieblingsgeschichte vom Soldaten Hansl, die wir gar nicht oft genug hören konnten, erzählen solle, obwohl er jedes Mal sagte: „Nein, schon wieder soll ich euch diesen Blödsinn erzählen!“ Aber was ein Blödsinn ist, das beurteilen Kinder eben anders als Erwachsene. Wir konnten jedes Mal wieder drüber lachen.

Manchmal mussten wir die gesponnene Wolle auf einer Haspel zu Strangen drehen und von Strangen auf Knäuel wickeln. Oder Herbert und ich spielten Mühle. Das Spiel hatten wir auf Karton aufgezeichnet und als Spielsteine dienten schwarze und weisse Knöpfe aus Grossmutters Knopfschachtel. Herbert verstand es immer wieder, mich mit meinen Steinen so einzusperren, dass ich keinen Zug mehr machen konnte. Er war drei Jahre älter als ich und zeigte mir seine Überlegenheit beim Mühlespiel sehr gern. Wie ich mich auch bemühte, ihm seine Tricks abzuluchsen, ich war meistens die Besiegte. Aber dafür konnte ich fehlerfreie Diktate schreiben und bessere Aufsätze, das tröstete mich wieder einigermassen.

Was das hiess „Anflug auf Kärnten, Steiermark“, wussten wir. Dies war der gerade Weg nach Wien, wo die anglo-amerikanischen Bomber ihre todbringende Last abwarfen. Manchmal flogen sie auch über unser Dorf, ein ganzes Geschwader. Wenn wir nicht gewusst hätten, was ihre Aufgabe war, sie hätten uns noch gefallen können, die Staffeln, deren Flugzeuge sich im Sonnenlicht silbern glänzend vom blauen Himmel abhoben.

Tante Rosi hatte es schon vorausgeahnt. Sie warf den beiden Kühen ihr Futter in den Trog. Um die Hände hatte sie den Rosenkranz geschlungen und murmelte vor sich hin: „Herr, beschütze und bewahre sie, hilf, dass ihnen nichts geschieht...“ und dann folgte das Vaterunser. „Ihnen“, damit meinte sie nicht nur Mutti sondern auch Tante Lisa, die ebenfalls in Wien lebte. Meine geliebte Tante Lisa in Wien Hietzing! Ich hatte sie oft besuchen dürfen, und das Ritual war immer das gleiche: In der Telefonkabine an der Strassenecke steckte ich ein Zehnpfennigstück in den Schlitz, wählte die Nummer A 35-5-09-81. Wenn sie sich meldete, fragte ich: „Tante Lisa, darf ich zu dir kommen?“ „Freilich, komm nur!“ Dann machten wir die Zeit ab, Mutti setzte mich in die Strassenbahn nach Hietzing und ich war mächtig stolz, dass ich ganz allein hinfahren durfte. Tante Lisa stand an der Haltestelle und nahm mich mit in ihre Wohnung.

Sie war eine hervorragende Geschichtenerzählerin und sie tippte geduldig meine eigenen kleinen Geschichten, die ich, als ich schon zur Schule ging, schrieb, auf der Schreibmaschine in der Anwaltskanzlei. Ausserdem konnte sie die besten Torten backen, soweit das in den Kriegsjahren mit der Lebensmittelknappheit überhaupt möglich war. Sie war ledig geblieben und arbeitete als Sekretärin bei einem Rechtsanwalt. Die Kanzlei direkt neben ihrer Wohnung, war nur durch eine Tür vom Büro getrennt. Tante Lisa war die Einzige von den fünf Geschwistern, die einen Beruf hatte lernen können. Grossvaters Schwester und ihr Mann hatten sie, als sie noch klein war, zu sich nach Wien genommen, als es der Familie damals schlecht ging. Aber das ist eine andere Geschichte. Wäre sie zu Hause geblieben, auf dem Dorf, so wäre sie ganz einfach die Zeiner Liesl gewesen. So aber nannte sie sich etwas vornehmer Lisa, schminkte sich die Lippen, wenn sie ausging und rauchte Zigaretten. Obwohl sie natürlich auch den Wiener Dialekt beherrschte, sprach sie meistens nach der Schrift. Nach der Schrift zu reden galt überhaupt in vielen Familien als vornehm, der Dialekt hingegen als gewöhnlich, ja ordinär.

Das gefiel meiner Mutter sehr gut, denn sie legte Wert darauf, dass ich eben nicht so „gewöhnlich" redete und bei Tante Lisa einen etwas vornehmeren Ton hörte und lernte. Schliesslich sollte ich ja auch schon einen leichten Vorsprung haben, wenn ich zur Schule kam. Denn dort wurde vom ersten Tag an nach der Schrift gesprochen.

Nach all meiner späteren Erfahrung sind die meisten Kinder sehr lernfähig und haben kaum Probleme, Dialekt und Schriftsprache auseinander zu halten. Ich habe nie bemerkt, dass ein Kind mit der Sprache Schwierigkeiten hatte. Wenn manche Kinder problemlos zweisprachig aufwachsen, so wachsen sie ebenso problemlos mit Dialekt und Schriftsprache auf.

In Wien fielen die Bomben unerbittlich, legten ganze Häuserblocks in Schutt und Asche, und mitten in diesem Inferno befand sich meine Mutter. An keinem Tag, an dem die amerikanischen Flugzeuge in Richtung Kärnten, Steiermark und damit nach Wien flogen, wusste ich, ob ich sie je noch wiedersehen würde, sie und Tante Lisa.

Alle sechs bis acht Wochen kam Mutti zu Besuch und blieb ein paar Tage. Beim letzten Mal, als wir sie zur Bahn begleiteten, da hatte ich meine Arme um sie geschlungen und an ihrer Schulter geschluchzt:

„Nimm mich mit! Ich habe solche Angst um dich! Ich möchte bei dir bleiben."

„Das geht nicht, Helli, es ist viel zu gefährlich."

„Aber ich möchte bei dir bleiben, auch wenn es noch so gefährlich ist."

„Du kennst doch unser Haus. Wenn da eine Bombe hineinfällt, dann kommt niemand mit dem Leben davon."

„Wenn dich eine Bombe trifft und du bist tot, dann möchte ich, dass es uns beide erwischt", rief ich aus.

„Schau, sei doch vernünftig! Hier bist du sicher, du hast doch Tante Rosi, die Grossmutter, den Grossvater, Herbert und die Kinder, mit denen du spielen kannst. Vielleicht ist der Krieg bald aus, und dann sind wir wieder beisammen."

Sie hatte ja Recht, aber mein kleines Kinderherz tat trotzdem weh. Länger als einen langen Monat, ja vielleicht sogar zwei würde es mindestens dauern, bis ich sie wiedersehen würde – und das auch nur, wenn…, aber das wollte ich gar nicht zu Ende denken.

Noch nie war mir der Steiner, der Bahnhofsvorstand mit der roten Kappe so unsympathisch gewesen, wie in dem Moment, als er die Kelle hob und das Zeichen für die Abfahrt gab, und damit war der Abschied unerbittlich besiegelt.

Noch lange sah ich die traurigen Augen meiner Mutter, als der Zug schon längst hinter dem Wald verschwunden war und ich neben Tante Rosi mit tränenverschmiertem Gesicht, das weisse Taschentuch in der Hand, auf dem Bahnsteig stand.

Ja, hier bei den Grosseltern in dem kleinen oberösterreichischen Dorf, bei Tante Rosi und Herbert, da war ich wirklich sicher, denn auf dem Land bombardierten sie nicht, die Amerikaner. Aber Mutti war in Wien und immer, wenn es hiess: Anflug auf Kärnten, Steiermark, fühlte ich einen eisernen Ring um mein Herz.

Ich ging mit den Dorfkindern der Gemeinde zur Schule, jeden Tag eine knappe Dreiviertelstunde, natürlich auf nicht asphaltierten Strassen und bei jedem Wetter. Im Winter, bei Schnee und Glatteis war es nicht immer ungefährlich, und die Kinder, die auf weiter entfernten Höfen, die zur Gemeinde gehörten, wohnten, konnten an solchen Tagen überhaupt nicht zur Schule gehen. Kamen wir in der Schule an, wurden die Schuhe einfach zum Trocknen neben den Ofen gestellt und die nassen Mäntel, Jacken und Mützen aufgehängt.

Zum Glück waren wir immer eine ganze Schar, die sich gemeinsam auf den Weg machte, und ich erinnere mich eigentlich nicht daran, dass ich den oft beschwerlichen Weg als besondere Belastung empfunden hätte. Der Schulweg war meistens lustig und kurzweilig. Erna, die Tochter vom Schuster, war die Älteste von uns. Sie passte immer auf die Kleineren auf, half ihnen im Winter, über die Schneemahden zu steigen und ermahnte sie im Frühling, nicht vorzeitig barfuss zu laufen, denn das konnten wir gar nicht erwarten. Und wenn es zu einem Streit kam, dann war sie es, die schlichtete und den Frieden wieder herstellte.

Es gab zwei Varianten des Schulwegs: der eine führte die Strasse entlang, den gingen wir im Winter und bei nassem Wetter. Der andere ging ein Stück durch einen lichten Wald, an einer feuchten Wiese, auf der im Frühling die Dotterblumen blühten, an einem Bach und einer Sandgrube vorbei. Diesen Weg nahmen wir zur Frühlings- und zur Sommerzeit. Kaum streckten die ersten Schlüsselblumen die Köpfe aus dem Boden, da zogen wir die Schuhe aus, banden sie zusammen und hängten sie über die Schulter, um barfuss nach Hause zu laufen. Viel zu früh für die Jahreszeit, wateten wir durch den Bach oder rutschten auf dem Hosenboden die Sandgrube hinunter.

Die Hölleder Resi bekam eine Lungenentzündung. Ob das vom Barfusslaufen war oder nicht, konnte man nicht sagen. Sie musste viele Wochen in Wels im Spital liegen und lange wusste keiner, ob sie mit dem Leben davon kommen würde. Penicillin gab es damals noch keines, und eine Lungenentzündung war darum zu dieser Zeit noch eine Krankheit auf Leben und Tod. Resis Zustand, der sehr oft schwankte, war daher Gesprächsstoff für das ganze Dorf. Sooft die Höllederin oder Resis Schwestern und Tanten deprimiert vom Krankenhaus heim kamen und berichteten, dass es der Resi immer noch sehr schlecht ging, bangten alle um das Leben des Kindes. Die Leute erzählten sich, dass der Hölleder, den man sonst selten in der Kirche fand, gesehen wurde, wie er in der Kirchenbank kniete, das Gesicht in den Händen vergraben und wie seine Schultern vor Schluchzen zitterten und er weinte, wie ein Kind. Und andere sagten, er habe versprochen, eine Wallfahrt nach Mariazell zu machen, wenn Resi wieder gesund würde.

Resi hat es überstanden und der Hölleder ist mit seiner Frau wirklich nach Mariazell gefahren.

Als ich in die neue Klasse kam, hatten wir in der ersten Stunde Lesen, und ich kam gleich an die Reihe.

„Hei, kann die gut lesen!“ flüsterte Lini ihrer Nachbarin Nanni zu und einige drehten sich nach mir um.

Komisch, wieso hätte ich denn nicht lesen können sollen? Ich hatte in Wien meine Märchenbücher meistens schon ein, zwei Tage nach dem Heiligen Abend, nachdem sie unter dem Weihnachtsbaum gelegen hatten, ausgelesen und verschlang überhaupt alles, was ich Lesbares erwischen konnte. Ich weiss eigentlich gar nicht mehr, wie ich lesen gelernt hatte, ich konnte es eines Tages einfach. Ich glaube, ich konnte viel früher und besser lesen, als die Schnürsenkel meiner Schuhe ordentlich binden.

Meine Mutter förderte die Lesewut und schaffte mir Bücher heran, wo immer sie sie auftreiben konnte. Sie liess mich in eine Kinderbibliothek einschreiben und brachte mir auch Zeitschriften nach Hause, die sie, weiss Gott wo, aufgetrieben hatte. Aber nicht nur das Lesen unterstützte sie. Erst viel später realisierte ich, dass sie sehr ideenreich war, wenn es darum ging, ihrem einzigen Kind mitzugeben, was ihr selbst immer versagt geblieben war.

„Du sollst es einmal besser haben als ich “, sagte sie oft. Ja, es war schade, dass sie in ihrer Kindheit und Jugend keine Ausbildung hatte machen können. Wenn sie die Möglichkeit gehabt hätte, sie wäre bestimmt Schneiderin geworden. Aber auch so war sie eine Meisterin mit der Nadel. Obwohl sie es nirgends gelernt hatte, zauberte sie aus ihren alten Kleidern neue für mich, verfertigte Teddybären und Puppen und dazu gleich die Kleidchen. Einmal, als sie jemand fragte, ob es ihr nicht zu mühselig sei, so kleine Sachen zu nähen, da sagte sie: „Nein, je kleiner desto lieber“. Ihre Phantasie kannte keine Grenzen. Sie nähte und strickte und staffierte mich aus, als wäre ich eine Prinzessin. Ich sollte immer die Schönste in der Klasse sein und sie konnte gar nicht verstehen, dass ich so wenig darauf Wert legte und dass ich mit meinen Sachen oft recht achtlos umging, ja sie sogar irgendwo liegen liess. Für ein Mädchen war ich – zu ihrem Leidwesen – gar nicht eitel. Dazu kam noch, dass ich oft über meine eigenen Füsse stolperte, weil ich immer schneller rannte, als es eigentlich ging. Dabei konnte es schon vorkommen, dass ich der Länge nach in den Dreck fiel. Noch heute habe ich den Geruch in der Nase, als ich bei Onkel Sepp, der eine kleine Landwirtschaft betrieb, in einer Pfütze landete, die fürchterlich nach Gänsedreck stank. Mein Kleidchen war völlig verschmutzt, so sehr hatte ich mich in dem stinkenden Schlamm „einpaniert“, wie Mutti das nannte, und nur mit grosser Mühe brachte sie es wieder sauber. Ich hasste es überhaupt, wenn ich, statt sorglos zu spielen und mit den anderen Kindern herum zu toben, ständig auf die Kleider aufpassen musste.

Gewisse Kleider oder Mützen wollte ich gar nicht erst tragen, weil mich die anderen Kinder verspotteten. Aber meine Mutter sagte mir immer, das sei nur der blanke Neid, weil sie selbst keine so schönen Sachen hätten. Das mag wohl gestimmt haben, aber viel lieber wäre ich damit nicht aufgefallen, um mir diese ewigen Sticheleien zu ersparen. Es war noch in Wien: Einmal erwischte mich Mutti, als ich auf dem Heimweg von der Schule meine Mütze, mit angestricktem Schal, in der Schultasche versteckt hatte und bei der grössten Kälte ohne Kopfbedeckung heimlief. Die Mütze hatte zwei Zipfel, einen links und einen rechts und war aus blauweisser Wolle gestrickt, die sie irgendwo mit viel Mühe ergattert hatte. Aber die Kinder riefen mir nach:

„Du mit deiner Teufelshaube! Du schaust aus wie ein Eskimo! Katzenkopf! Katzenkopf! Blöd schaust du aus!"

Um keinen Preis hätte ich diese Mütze mehr aufgesetzt, auch nicht unter Androhung von Strafen.

Meine Mutter war ein sehr musischer Mensch, sie konnte viele Gedichte auswendig, konnte sogar angefangene Zitate aus der Weltliteratur fehlerfrei fortsetzen und sagen, in welchem Werk von welchem Dichter sie standen. Arien aus Opern waren ihr so geläufig wie Volkslieder, ihr, die sie als Kind nie ein Opernhaus von innen gesehen hatte. Sie sang beim Aufräumen und wo immer sie arbeitete und den Kopf frei hatte. Und wenn sie nähte oder bügelte und ich neben ihr sass, konnte ich nicht genug davon hören, wenn sie vom Kaiser, an den sie sich ganz dunkel aus ihrer Kinderzeit noch erinnerte und von alten Zeiten erzählte, von den Grossen unseres Landes, wie Schubert, Mozart, Haydn und Johann Strauss. Sie konnte das alles nicht gelernt haben, sie hatte es sich einfach im Laufe ihres Lebens durch Hören und Lesen angeeignet.

Sie führte mich in die Volksoper und ins Theater, noch bevor ich in die Schule ging. Engelbert Humperdincks „Hänsel und Gretel" hatte ich schon als Kindergartenkind gesehen und am Bett sang mir Mutti daraus als Abendgebet:

„Abends, wenn ich schlafen geh,
vierzehn Engel um mich steh´n
zwei zu meinen Häuptern,
zwei zu meinen Füssen....“

Auch „Evangelimann“ von Wilhelm Kienzl habe ich im Vorschulalter kennen gelernt und zu Hause hat sie mir daraus vorgesungen:

„Selig sind, die Verfolgung leiden, um der
Gerechtigkeit Willen, denn ihrer ist das
Himmelreich.“

Und viel später, als ich Verdis „Rigoletto“ in der Oper hörte, da kam mir Manches bekannt vor, zum Beispiel die Zeile, die sie bei der Hausarbeit oft gesungen hatte, „… auf flücht´gem Sande habt ihr gebaut“. Auf Italienisch hiess es „muta d`accento, e di pensier,“ aber sie kannte, weiss Gott woher, den deutschen Text dieser bekannten Arie. Es war jedes Mal ein wundervolles, glückhaftes Wiedertreffen mit meiner frühen Kindheit und heute noch erfüllt mich die Erinnerung an meine musikalische Mutter mit Stolz, die beim Aufräumen eine Arie aus einer Verdi-Oper sang. Und noch was: Sie wusste, weiss Gott, woher, dass Frederic Chopin Pole war, trotz seines französisch klingenden Namens.

Da ich ihr mit meinen langen, spindeldünnen Beinen etwas ungelenk erschien, „du bestehst hauptsächlich aus Haxen“, pflegte sie zu sagen, liess sie mich ins Kinderballett einschreiben „damit du ein wenig graziöser wirst“, sagte sie. Was „graziös“ hiess, wusste ich damals noch nicht, auf alle Fälle musste es was Gutes sein, sonst hätte sie es nicht getan. So bekam ich ein Paar Ballettschuhe und lernte, in diesen auf der Spitze zu stehen und zu laufen. Auch wenn die Zehen hinterher ein wenig schmerzten, ich übte die einzelnen Positionen und Schritte und bewegte mich wohl wirklich etwas graziöser.

Ja, und eines Tages war es dann so weit: Einstudiert wurde das Ballett „Die Puppenfee“ von Josef Bayer. Alles war so aufregend! In der Garderobe bewunderte ich die vielen Mädchen in ihren duftigen Balletträckchen. Die Puppenfee trug ein aprikosenfarbenes Kleid mit vielen Rüschen. Das Kleid war so weit und lang, dass sie es, wenn sie in der Garderobe damit umherging, mit zwei kleinen Schlingen, die an den Saum genäht waren, an den kleinen Fingern hochhielt. Wir wurden natürlich alle geschminkt, wie die Grossen.

Ich durfte ein kleines Mädchen spielen, das seine zerbrochene Puppe zum Puppendoktor bringt. Im Spitzenschritt hatte ich auf die Bühne zum Puppendoktor zu kommen, mich ein paarmal vor ihm zu verneigen und ihm die zerbrochene Puppe zu übergeben. Dazu hatte ich meine eigene Puppe mitgebracht. Es war eine Gliederpuppe mit Schlafaugen und Mammastimme. Ich weiss nicht, wo meine Eltern sie für mich aufgetrieben hatten. Der Puppendoktor sagte, vielmehr deutete mit einem Kopfschütteln zuerst, dass man die Puppe nicht mehr reparieren könne. Nun hatte ich die Hände vors Gesicht zu schlagen, so, als ob ich weinte. Und der Puppendoktor wiegte den Kopf und nickte schliesslich, was bedeutete, dass er die Puppe doch wieder ganz machen konnte. Jetzt musste ich die Arme auf der Brust kreuzen und ein befreites Lachen mimen und dann rückwärts, auf den Zehenspitzen laufend, die Bühne verlassen.

Mutti sass im Publikum, Tränen der Rührung und des Stolzes in den Augen, dass ihr Kind diesen Auftritt so souverän geschafft hatte, kein bisschen Nervosität zeigte und dankbaren Applaus bekam. Ja, ihr Kind sollte es wirklich besser haben, es sollten ihm mehr Möglichkeiten im Leben offen stehen.

„Woran und wie weit kannst du dich zurück erinnern?"

Das war ein beliebtes Spiel unter uns Kindern. Herbert, mein Cousin, sagte mir, er erinnerte sich, als ihn der Grossvater auf der Schulter trug und er nicht schnell genug sagen konnte, dass er aufs Klo musste. Die ganze Sache rann dem Grossvater über den Rücken, unters Hemd und bis in den Hosensack. Diese Geschichte wurde oft unter grossem Gelächter erzählt. Als es wirklich passierte, war es wohl etwas weniger lustig.

Mich hatten manchmal Leute gefragt: „Kannst du dich an deinen Papa noch erinnern?" Ich konnte diese Frage gar nicht verstehen. Ich war etwas älter als sieben Jahre, als ich Papa zum letzten Mal gesehen hatte. Er war auf Urlaub in Wien und trug damals eine Soldatenuniform. Wie hätte ich ihn denn je vergessen haben können?

Meine Erinnerungen reichten doch noch viel weiter zurück, auch wenn mir das keiner glaubte. So erinnerte ich mich an das freundliche Fräulein Reppenschek, die Tochter der Besitzerin des kleinen Ladens, in dem Mutti immer einkaufte. Sie stand in einer schwarzen Kleiderschürze, wie sie Verkäuferinnen damals meistens trugen, auf den Stufen vor ihrem Geschäft, beugte sich tief zu mir herunter, die Hände zwischen ihren Knien gefaltet.

> „Wie alt bist du denn?" fragte sie.
> Und ich antwortete: „Zwanzig Monate."

Zwanzig Monate! Das sind nicht einmal zwei Jahre. Meine Eltern und unser altes Nachbarsehepaar, bei dem ich fast wie zu Hause war, haben mir wohl in gewissen Abständen beigebracht, zu sagen, wie alt ich war. Und da hätte ich mich an meinen Papa nicht erinnern sollen?

Die alte Frau Reppenschek war eine gütige Frau mit weissem Haar, das sie hoch auf dem Kopf zu einem flachen Knoten gesteckt hatte. Sie griff immer in ein grosses Glas, wenn wir bei ihr einkauften und gab mir ein rosa oder oranges Bonbon in Form eines Männchens, ein „Pupperl", wie sie sagte. Einmal sagte meine Mutter zu mir: „Jetzt gehst du zur Frau Reppenschek und holst ein Kilo Mehl." Dann trug ich das Mehl bis in den ersten Stock hinauf, stellte es dort auf den Boden, stieg noch eine Treppe höher und sagte dann kurz und bündig: „Zu schwer, ich kann es nicht mehr tragen."

Als ich geboren wurde, da soll mein Vater, ganz am Boden zerstört, bei Frau Reppenschek erschienen sein, denn er war so enttäuscht, dass ich kein Junge geworden war. Aber Frau Reppenschek hatte ihm tüchtig den Kopf gewaschen: „Also, Herr Angermann, was ist los? Sie wollen sich beklagen, dass Sie keinen Buben bekommen haben? Seien Sie froh, dass das Kind gesund ist und dass Ihre Frau alles gut überstanden hat. Ist denn ein Bub so viel mehr wert als ein Mädchen? Und wenn sie einmal heiratet, dann haben Sie doch sowieso auch noch einen Buben." Ziemlich nachdenklich, ja ein wenig kleinlaut, soll mein Vater nach dieser Kopfwäsche von dannen gezogen sein.

Der Bub, wenn ich einer geworden wäre, hätte Paul, wie mein Vater, heissen müssen. Paula oder Pauline wollten sie mich aber doch nicht nennen, und so habe ich halt nach meinem Grossvater väterlicherseits Wilhelm den Namen Wilhelmine bekommen. Weil ihnen aber dieser zu lang war, bekam ich den Rufnamen Helli. In späteren Jahren nannten mich manche Helma oder Wilma, nur ganz offiziell war ich Fräulein Wilhelmine Angermann, und wenn mich meine Freundinnen ärgern wollten, dann riefen sie mir „Minna" nach.

Vor unserem Haus in Wien gab es einen Park, aber ich durfte allein nie hinunter. „Ich will kein Gassenkind“, sagte Mutti. Ja, in dem Park trieben sich allerlei Leute herum, auch Kinder, deren Eltern sich nicht besonders um sie kümmerten, spielten dort ohne Aufsicht, und Mutti hatte Angst, ich könnte allerlei Unvorteilhaftes, vor allem aber eine schlechte Sprache, in Wien nennt man das „Plattingerdialekt“, oder gar ordinäre Ausdrücke von ihnen lernen. Sie legte immer grossen Wert darauf, dass ich nur mit „besseren“ Kindern verkehrte. Darum war es schon sicherer, mich in den Klosterkindergarten zu schicken.

Die Schwestern nahmen die Kinder auf, sobald sie keine Windeln mehr brauchten und selbstständig auf die Toilette gehen konnten. Wir bekamen im Kloster das Mittagessen und meine Arbeit war es täglich, die grossen Deckel der Kochkessel in die Küche zurück zu tragen. Sie waren fast grösser als ich selbst, aber ich habe es jedes Mal geschafft.

Schwester Benedicta, die Kindergartenschwester, war einer jener Menschen, denen ihr Beruf auf den Leib geschneidert schien. Ihr Gesicht unter der weit ausladenden Flügelhaube strahlte den Inbegriff von Liebe, Güte und Geborgenheit aus. Ihre Ideen waren unerschöpflich und wenn sie erzählte, hingen wir Kinder an ihren Lippen. Wir konnten nicht genug davon kriegen, wenn sie uns zum Beispiel die Geschichte von der Arche Noah mit allen Einzelheiten ausmalte. Dinge, die ich bei ihr gelernt habe, habe ich mir mein ganzes Leben gemerkt, zum Beispiel das Lied vom schwarzen Schmied. Ich habe es später woanders nie mehr gehört, aber ich kann es heute noch singen. Es muss so einmalig gewesen sein, dass es sich später eine andere Kindergärtnerin, der ich es vorsang, auf notierte, dieses Lied vom schwarzen Schmied. Ich habe Schwester Benedicta im Verdacht, dass sie es selbst erfunden hat.

„Auf der Strasse steht ein Haus
schaut der schwarze Schmied heraus.
Lieber Meister, hör mich an,
ob er mein Pferd beschlagen kann“

Wenn wir uns wünschten, dass der Kasperl seine Possen spielen sollte, dann mussten wir zuerst ein Gebet sprechen, das war fast so etwas wie ein Ritual. Und dann nahmen uns der Kasperl, der Pimperl, die Gretl, der König, die Prinzessin und natürlich das Krokodil gefangen.

Als ich längst erwachsen war, habe ich an Schwester Benedicta einmal einen Brief nach Wien geschrieben. Ich wollte ihr, rückblickend auf meine ersten glücklichen Kindheitsjahre, an denen sie ja grossen Anteil hatte, danken. Die Antwort kam aber nicht aus Wien, sondern aus Graz. Dorthin hatte man die Schwester versetzt. Ordensleute müssen ja in der Regel gehen, wohin man sie schickt. Sie hatte grosses Heimweh nach Wien, die Stadt Graz gefiel ihr, obwohl sie ihr im Vergleich zu Wien viel zu klein vorkam. Und sie fand, Wiener Kinder seien einfach ganz anders und zwischen den Zeilen konnte ich das Heimweh nach Wien lesen. An mich erinnerte sie sich lebhaft:

„Nie vergessen werde ich deine grossen blauen Augen“, schrieb sie, „mit denen du mich immer angesehen hast, an meinem Mund gehangen hast, wenn ich erzählte. Und dann hast du immer gesagt: ´Erzählen Sie uns doch wieder was vom lieben Gott.`“

Neben diesen Erinnerungen an die ersten glücklichen Kindheitsjahre gab es aber auch andere, die sich unauslöschlich in mein Gedächtnis eingegraben haben. An eine Episode erinnere mich noch ganz genau: Meine Mutter war, mit mir an der Hand, in die Drogerie zu Fräulein Fiebi an der Strassenecke gegangen. Ich hatte mein geflochtenes Weidenkörbchen für den Kindergarten umgehängt. Da sah ich ein Fläschchen mit einer roten Flüssigkeit. Was es war, wusste ich natürlich nicht, aber da es mir gefiel, steckte ich es schnell ins Körbchen. Mutti fand es zu Hause. Es war Nagellack. Und da erhielt ich eine der allerersten Lehren für mein späteres Leben:

„So, Helli“ sagte sie, „jetzt gehst du zurück zu Fräulein Fiebi und sagst: `Ich habe das Fläschchen mitgenommen. Und ich werde es nie wieder tun. Ich bitte um Verzeihung.`“

Mindestens dreimal musste ich mein Sprüchlein hersagen, und dann ging ich mit gesenktem Blick und voll Reue und mit etlichem Herzklopfen zu Fräulein Fiebi, um meine Sünde zu beichten. Dass ich etwas Schlimmes getan haben musste, wurde mir mit einem Mal klar. Ziemlich sicher hat mich dieses erste Erlebnis davor bewahrt, im Laufe meiner Kindheit und Jugend, je wieder etwas mitzunehmen, was mir nicht gehörte, egal, wie gross die Versuchung auch sein mochte.

Und dann war da ja auch noch Schwester Benedicta, die uns immer sagte: „Der liebe Gott sieht es, wenn ihr etwas Schlechtes tut, und für jede Sünde bekommt die Seele einen schwarzen Fleck.“ Ja, dieser schwarze Fleck auf meiner Seele! Ich hoffte inständig, er werde schnell wieder weggewischt, wenn ich meine Tat bekannte und auch bereute. Was Fräulein Fiebi damals zu mir gesagt hat, habe ich vergessen, aber meine Mutter hat mir später erzählt, sie hätte es ihr nicht hoch genug anrechnen können, dass sie ihrem Kind rechtzeitig eine Lehre fürs Leben mitgegeben hatte.

Noch heute widerstrebt es mir, beim Baden oder Schwimmen den Kopf unter Wasser zu halten und ich bilde mir ein, dass dies mit meinen frühen Erlebnissen in der Badewanne zu tun hat. Unsere Wohnung in dem alten Zinshaus hatte kein Bad. Zum Baden musste man das Wasser auf dem Herd erhitzen und dann in einen hölzernen Trog füllen. Dieser wurde in der Küche ganz oben auf dem Schrank aufbewahrt und zum Baden oder Wäschewaschen heruntergeholt. Sass ich nun in der Badewanne und es wurde mein Haar gewaschen, so schüttete Mutti zum Spülen immer einen Topf Wasser über meinen Kopf, sodass mir das Wasser über das Gesicht rann und mir die Luft wegblieb. Als ich noch klein war, gab es regelmässig ein Geschrei, wenn es um das Bad ging und ich versuchte, mich zu wehren, wenn ich den Wassertopf auch nur erblickte.

Meine Mutter hatte eine Figur erfunden, die sie „Grindschaber" nannte. Der würde mich holen, wenn ich mich gegen das Baden und Waschen wehren wollte. Dieser drohende Grindschaber blieb also lange das Gespenst, das ich fürchtete und dann doch lieber alles mit mir geschehen liess.

Neben uns wohnte eine alte Frau, die Frau Bertel, die man sehr selten sah. Man sagte von ihr, dass sie sich mindestens ein Jahr schon nicht mehr gewaschen hatte und wenn die Wohnungstür daneben aufging, entströmte ihr ein ekelhafter Geruch. Als ich sie einmal in den seltenen Fällen, wo sie ihr schmutziges Gesicht bei der Tür heraushielt, erblickte, da wusste ich: Das ist der Grindschaber, der nebenan wohnte und mich holen würde, sollte ich mich gegen das Baden und Haarewaschen wehren. Das war so abschreckend, dass ich die Prozedur in der Folge ertrug.

Ein erster Kindertraum – ausgeträumt

Eines Tages geschah etwas, was sich tief in mein Gedächtnis eingegraben hatte: Normalerweise ging Mutti mit mir immer nur über die verkehrsreiche Strasse, blieb an der Ecke stehen und wartete, bis ich den Klingelknopf an der Klosterpforte gedrückt und die Schwester Pförtnerin mich eingelassen hatte. An diesem Tag aber ging sie mit mir hinein. Da trafen wir Schwester Benedicta auf dem Gang des Klosters beim Fensterputzen an. Tränen liefen ihr über die Wangen und sie sagte: „Liebe Frau Angermann, Sie müssen Ihr Kind wieder mit nach Hause nehmen, unser Kindergarten ist heute geschlossen worden.“

Verstanden habe ich das damals nicht, ich wusste nur, dass etwas ganz Schlimmes, etwas Einschneidendes passiert sein musste, wenn meine geliebte Schwester Benedicta weinte und, statt mit uns Kindern zu spielen, Fenster putzte. Und auch Mutti bekam nasse Augen und ihr Gesicht einen ratlosen Ausdruck, denn der sichere Ort, wo sie ihr Kind unter anderen Kindern gut aufgehoben fand, wo es in einer Gemeinschaft die ersten Schritte ins Leben getan hatte, war mit einem Mal weg.

Die Nazis hatten damals alle konfessionellen Kindergärten geschlossen. Wir schrieben das Jahr 1939 und ich war noch keine vier Jahre alt. Schwester Benedicta habe ich erst später wieder getroffen, als ich in den Erstkommunion-Unterricht ging. Denn die Nazis haben es doch nicht geschafft, auch diesen zu verbieten.

Papa fuhr in den folgenden Wochen oft mit mir an die Alte Donau. Er war von Beruf Bäcker-Konditor, aber damals war er arbeitslos. Jetzt arbeitete er aushilfsweise in einer Bäckerei und zwar nachts. So hatte er am Tag, wenn er seine Stunden geschlafen hatte, Zeit für mich. Ich hatte Keuchhusten bekommen und das feuchte Klima am Fluss hat mir geholfen, mit dieser Krankheit schneller fertig zu werden. Wenn später immer gesagt wurde, Höhenklima bei Keuchhusten sei das Beste, so habe ich andere Erinnerungen. Ich habe ihn bestimmt nur so schnell überstanden, weil ich meine Tage am Wasser zubrachte. An den Keuchhusten erinnere ich mich nicht mehr, aber an die schönen Tage an der Alten Donau.

Ja, und was meinen Papa betraf: Ich sehe ihn noch heute auf dem Sofa liegen, in der Hand ein Seil. Dieses war mit einer Schaukel verbunden, die er unter dem Türstock des Zimmers montiert hatte. Darin sass ich. Er zog am Seil und ich jauchzte vor Vergnügen. Im Winter ging er mit mir Rodeln bis ich weinte, weil ich so an den Fingern fror. Mutti hatte mir zwar einen Muff umgehängt, wo ich sie hätte wärmen können. Aber das funktionierte nie richtig, weil ich die Hände nicht drin liess. Warum ich keine Handschuhe oder Fäustlinge besass, weiss ich nicht, aber wahrscheinlich deswegen, weil sie immer verloren gingen. Doch erfinderisch, wie meine Mutter war, verband sie später die Fäustlinge mit einer gehäkelten Schnur, die durch die Mantelärmel gefädelt wurden, so dass ich sie nicht mehr vergessen oder verlieren konnte und von da an warme Hände hatte.

Dieses Patenrezept mit den verbundenen Fäustlingen funktionierte auch noch während meiner Schulzeit bestens und wurde von anderen Müttern kopiert. Da hingen im Winter die Mäntel an den Garderobehaken und die Fäustlinge baumelten lose herunter.

Papa stammte aus dem Mühlviertel, aus einem der vier Viertel von Oberösterreich, das nicht etwa deswegen so heisst, weil es dort besonders viele Mühlen gibt. Es hat seinen Namen von den beiden Flüssen Grosse Mühl und Kleine Mühl bekommen. Es ist eine wunderschöne hügelige Gegend, aufgebaut auf Urgestein, aus Gneis und Granit, Granit, der das Material für Pflasterungen und Grabsteine liefert. Meinen Grossvater väterlicherseits habe ich nicht mehr gekannt, denn er ist noch vor meiner Geburt gestorben. Aber Papa hat oft von ihm erzählt. Sie waren daheim vier Geschwister, und der Grossvater freute sich immer, wenn sie alles aufassen, was auf dem Tisch stand und die Grossmutter die leeren Schüsseln wegtragen konnte.

Ich war erst etwas mehr als drei Jahre alt, als Papas Bruder heiratete. Die Eltern hatten mich ein Verslein gelehrt, von dem ich nur noch die letzten Worte weiss„… und hoch das Brautpaar lebe!“ Das musste ich vor versammelter Hochzeitsgesellschaft aufsagen. Dazu stellten sie mich hoch hinauf, auf einen Tisch, damit mich alle gut sehen konnten.

Hernach versammelte sich die ganze Hochzeitsgesellschaft auf der doppelläufigen Treppe vor dem Haus zum Hochzeitsfoto. Mein Cousin, der Sohn des Paares, den ich wegen verschiedener Umstände erst Jahrzehnte später kennen lernte und ihm von der Hochzeit seines Vaters und der Geschichte mit dem Verslein erzählte und auch von dem Foto, fragte: „Bist du das kleine Dirndl mit der grossen Masche auf dem Kopf neben der Grossmutter?“ und er holte sofort das Foto, von dem er mir später einen Abzug sandte.

Als ich viel später den Ort besuchte, ging ich auf den Friedhof und fand sofort in der rechten oberen Ecke das Grab der Grosseltern und jenes von einer Ahnin aus dem letzten Jahrhundert wieder. An den Platz erinnerte ich mich noch genau. Sie hatten mir damals eine kleine Giesskanne gegeben, mit der ich Blumen auf Grossvaters Grab gegossen hatte.– Auch die doppelläufige Treppe vor dem Gasthaus fand ich wieder und den grossen Platz mit dem Brunnen in der Mitte.

Diese Hochzeit war damals von ganz turbulenten Ereignissen begleitet. Aus welchem Grund mein Vater früher als wir nach

Wien zurückreisen musste, weiss ich nicht mehr. Wir jedenfalls wollten auf dem Rückweg noch in Linz-Urfahr Station machen, wo Tante Fanny mit meiner Kusine Marianne wohnte. Mit uns kam noch Papas Schwester Anni und ihr Sohn Peter. Wir verpassten den Autobus und mussten mit dem Taxi zum Bahnhof fahren. Mir wurde regelmässig beim Autobus- und Autofahren übel. So musste das Taxi unterwegs trotz der Eile anhalten, damit ich mich nicht im Auto erbrechen musste.

Bei Tante Fanny blieben wir eine Nacht und sollten am nächsten Tag nach Wien weiterfahren. Ein paar Stunden waren es noch bis zur Abfahrt des Zuges und Tante Fanny wollte noch schnell im Laden um die Ecke etwas einkaufen. Mutti hatte Reisefieber und sah es eigentlich nicht gern, dass ich da noch mitging. Aber Tante Anni meinte, Marianne sei ja dabei und Peter, der schon acht Jahre alt war. Während Tante Fanny einkaufte, spielten wir draussen Verstecken. Peter und Marianne hatten sich so gut versteckt, dass ich sie nicht fand. Alles Rufen nützte nichts. So lief ich umher, verfehlte irgendwie die Richtung und lief den Weg abwärts, über verkehrsreiche Strassen, überquerte einen grossen Platz und kam schliesslich unten an der Donau an. Unverdrossen lief ich die Strasse der Donau entlang, bis ich müde wurde und an einer Haustür klopfte.

Die Leute waren nicht wenig erstaunt, ein kleines Mädchen zu sehen, das erklärte: „Ich habe meine Mutti verloren und jetzt finde ich sie nicht mehr." Die Frau gewann mich sofort lieb und hätte mich am liebsten behalten. Aber der Mann fand: „Das Kind ist gut angezogen und nicht verwahrlost, es wird von den Eltern vermisst. Wir können es doch nicht einfach behalten."

So gingen sie mit mir zur Polizei. Ein freundlicher Beamter fragte mich, wie ich heisse und ob ich wisse, wo ich wohne. Ich sagte meinen Namen und nannte meine Adresse: Reithofferplatz 10, zweiter Stock, Tür zwanzig." Aber die Beamten konnten mit diesen Angaben nichts anfangen, denn in ganz Linz gab es nirgends eine solche Adresse.

Mutti, Tante Fanny und Tante Anni, die in heller Aufregung waren, hatten inzwischen eine Suchmeldung aufgegeben. Und meine „Mutti, die ich verloren hatte“ und wie ich sagte, die „mir davongelaufen war“, war erleichtert, dass ich noch rechtzeitig vor der Abreise nach Wien gefunden worden war. Hinterher erfuhr ich, dass Peter eine Ohrfeige von seiner Mutter bekommen hatte, weil er auf Marianne und mich nicht besser aufgepasst hatte und er protestierte: „Ich hab ja nicht gewusst, dass ich aufpassen soll!“ erzählten sie mir später.

„Aber gelt, du sagst dem Papa nicht, was da alles passiert ist“, schärfte mir Mutti ein, denn sie fürchtete, nicht zu Unrecht, Papas Donnerwetter. Aber ich war die Erste, die Papa auf dem Bahnsteig erblickte, rannte ihm entgegen und rief: „Papa, der rote Autobus ist uns davon gefahren und ich bin in Linz verloren gegangen!“ Als Mutti dazu kam, da wusste Papa schon alles, und sie hatte einige Mühe, ihm zu erklären, was geschehen war. Von diesem Tag an aber lehrten mich meine Eltern, zu meiner Adresse noch „Wien“ hinzuzufügen. Wer hatte auch damit gerechnet, dass ich in einer fremden Stadt hätte verloren gehen können?

Papas Eltern, meine Mühlviertler Grosseltern

Meine Mühlviertler Grossmutter, so erzählten es mir die Eltern später, hatte die Gewohnheit, wenn sie weg ging, Nachrichten für den Grossvater mit Kreide an die Stubentür zu schreiben. Einmal schrieb sie:

Die Hühner füttern
Die Knödel essen, sie stehen im Backrohr
ein anderes Hemd anlegen

Der Grossvater tat, wie ihm geheissen. Als die Grossmutter heimkam, fragte sie:
„Hast du die Hühner gefüttert?“
„Ja“, antwortete der Grossvater.
„Hast du die Knödel gegessen“?“
„Ja, und sie waren gut.“
„Hast du ein anderes Hemd angezogen?“
„Das habe ich auch getan.“
„Bist du nass geworden? Es hat ja geregnet.“
„Nein,“ sagte der Grossvater „ich habe mich untergestellt.“
„Ja, warum hast du dann ein anderes Hemd angezogen?“
„Weil du geschrieben hast, dass ich eins anziehen soll.“

Der Grossvater war Schneider, aber sein Beruf soll ihm nicht sonderlich viel Spass gemacht haben. Sie hatten ja auch eine Landwirtschaft und so schneiderte er nur ab und zu etwas für die Leute im Dorf. Meine Eltern waren lange vor meiner Geburt einmal im Urlaub bei den Eltern. Da kam ein Mann mit seinem Buben, dem der Grossvater eine Jacke genäht hatte und sagte:
„Du, Schneider, schau einmal, da stimmt was nicht mit den Ärmeln da.“

Der Grossvater nahm die Ärmel in Augenschein und zupfte und drückte daran herum.

„Kannst ziehen und zupfen, wie du willst, es wird nicht anders“, sagte der Mann.

„Na, lass mir die Jacke da, ich schau sie mir schon noch an“, meinte der Grossvater.

Als der Mann weg war, da flüsterte ihm meine Mutter ins Ohr: „Vater, du hast die Ärmel verkehrt eingenäht, den linken rechts und den rechten links.“ Sie hatte, da sie ja selbst gut nähen konnte, den Fehler auf den ersten Blick bemerkt. Aber es gehörte wohl schon sehr viel dazu, die Ärmel verkehrt einzunähen und man fragte sich, wie er das wohl zustande gebracht hatte.

„Meiner Seel, du hast recht, Franzi“, gab der Grossvater zu.

Mein Grossvater soll ausserdem von einem Menschen, auf den er wütend war, stets gesagt haben: „So ein Seehund, so ein blöder!“ Wie er gerade auf einen Seehund kam, wusste niemand zu sagen.

Einmal machten die beiden bei uns einen Besuch in Wien. Meine Eltern gingen mit ihnen in den Schönbrunner Tiergarten. Sie kamen an den Teich, wo die Seehunde lebten. Und die Grossmutter rief so laut, dass es alle Leute hören konnten: „Da schau, Vater, da ist jetzt so einer, wie du immer sagst“!“

Am Abend sass Papa oft an meinem Bett und erzählte mir Märchen, damit ich schneller einschlafen sollte. Meine Augen fielen aber nicht zu, sie wurden sogar immer grösser, und wenn er fertig war, so sagte ich meistens: „Noch einmal!“ Papa erzählte mir oft die Geschichte von „Hänsel und Gretel“ in seiner ganz eigenen Version. Bei ihm stieg Hänsel auf einen Baum und sah in der Ferne das Licht des Hexenhauses. Erzählte mir jemand anderer das Märchen, so versäumte ich es nie, den Erzähler zu berichtigen. Hänsel, der auf den Baum stieg, durfte jedenfalls nicht fehlen. Nur so, wie es mein Papa erzählte, so war die Geschichte für mich richtig.

Wie hätte ich mich nicht an Papa erinnern sollen, der so viel mit mir unternommen hatte!

Unter vielen Kindern

Lange dauerte das Glück nicht, denn Papa wurde zur Armee einberufen. Von da an sah ich ihn nur noch, wenn er in seiner Soldatenuniform auf Urlaub kam. Irgendwo in Pommern war er stationiert, sagten sie mir. Pommern! Wo war das? Ich wusste es nicht, jedenfalls viel zu weit weg von Wien.

Viele Männer mussten einrücken, und die Arbeit in den Fabriken und Ämtern blieb den Frauen. Frauen arbeiteten als Strassenbahnschaffnerinnen, in den Betrieben an Maschinen, die vorher nur Männer bedient hatten, in Munitionsfabriken, als Bus- und Lastwagenfahrerinnen, leisteten Schwerarbeit an Baustellen. Meine Mutter arbeitete bei der Post, im Zustelldienst. Und der Klosterkindergarten war geschlossen.

Aber da gab es noch den NSV-Hort, das war eine Kindertagesstätte, organisiert von der NS-Partei. Dorthin brachten Mütter, die arbeiten mussten, ihre Kinder. Es gab Fabriken, die sogar ihre eigenen Kindertagesstätten hatten für Mütter, die dort arbeiteten. Also nahm mich meine Mutter an der Hand und meldete mich im Hort an. Es war ein reiner Mädchenhort, denn damals trennte man – zumindest in den Städten - auch in den Schulen, die Kinder noch häufig nach Buben und Mädchen.

Jedes Kind bekam eine Nummer, die auf dem Handtuch, dem Waschlappen, der Zahnbürste, dem Wasserglas und der Wolldecke für den Mittagsschlaf stand. Meine Nummer war 43. Ich konnte zwar noch nicht lesen, aber die beiden Zahlen hatte ich mir schnell eingeprägt.

Gleich schloss ich die Bekanntschaft mit der Leiterin, Fräulein Manja. Sie hatte tausend Ideen zum Basteln, zum Theaterspielen, und sie erzählte wunderbare Geschichten. Ich liebte sie heiss, und darum trug meine Lieblingspuppe den seltenen, aber wie mir schien, sehr aparten Namen „Manja“. In einem riesigen

Schrank fanden wir eine grosse Anzahl von Spielen, angefangen von Würfelspielen, Brettspielen, Quartetten, aber auch von solchen, mit denen sich ein Kind allein verweilen konnte. Eines war ein Fischteich in Form eines aufgestellten, bemalten Aquariums aus Karton. Darin lagen orange Goldfischchen mit einem Magneten am Maul versehen. Mit einer Angel, an der ebenfalls ein Magnet befestigt war, konnten wie die Fische heraus fangen. Neben den Quartetten und Brettspielen gab es Malstifte und Bücher. Aber das Wichtigste an diesem Hort waren für mich, als Kind ohne Geschwister, die vielen anderen Kinder.

Ich weiss nicht, was wohl aus mir geworden wäre, hätte ich meine Kindheit nicht immer in Kindergärten oder im Hort verbracht. Als Einzelkind unter lauter Erwachsenen wäre ich wohl immer im Mittelpunkt gestanden, es wäre sicher ein altkluges, egozentrisches und vorlautes Ding aus mir geworden. So aber lernte ich frühzeitig, auf andere Rücksicht zu nehmen, mich in die Gemeinschaft einzufügen, zu verstehen, dass sich nicht alles um mich, Helli Angermann drehte, lernte zudem, andere mit ihren Schwächen und Fehlern zu akzeptieren. Jedes Kind in dieser Gemeinschaft war hier auf dem besten Weg, Toleranz, Hilfsbereitschaft und Mitgefühl zu lernen. Und wenn auch immer davon die Rede ist, dass die Kinder zu ihren Müttern gehören, je kleiner sind, so haben mich meine Erfahrungen etwas ganz anderes gelehrt. Das Wichtigste, was es für die Entwicklung eines Kindes gibt, sind andere Kinder und die Erfahrung, von Kind auf mit anderen und oft sehr verschiedenen Menschen zusammen zu leben.

Die Grossen in dieser Gemeinschaft halfen mit, die Kleinen zu erziehen. Da hiess es etwa: „Nimm den Löffel ordentlich in die Hand!“, „So isst man nicht!“ oder „Wo ist dein Taschentuch?“ Und wir Kleinen schauten, wie es die Grösseren machten, lernten auf spielerische Art und Weise, wie man sich benimmt, vor allem wie man sich nicht daneben benimmt. Die

Grossen waren es auch, die den Kleineren beim Basteln halfen, wenn sie mit ihren kleinen, noch ungeschickten Fingern allein nicht zurechtkamen, ihnen die Schnürsenkel banden, die Nase putzten, sie unter der Dusche abseiften oder den Jüngeren, die schon zur Schule gingen, die Aufgaben erklärten. Und was stets Glanzpunkte im Hort-Alltag bildete, waren die Theaterstücke, die sie einstudierten und den Kleinen vorspielten.

Das „Sündenbüchlein“

und das Dauerthema „Essen“

Ich war ein sehr lebhaftes Kind mit einer Energie und einem Temperament, das für drei gereicht hätte und das man einem langbeinigen, dünnen Mädchen wie mir, gar nicht zugetraut hätte. Mit eben diesem Temperament aber hatten viele ihre liebe Mühe. Fräulein Manja sagte manchmal zu meiner Mutter: „Frau Angermann, Ihr Kind muss man zähmen, wie ein wildes Pferd“. Stimmt. Ich rannte immer viel zu schnell, sprang über die Bänke, stolperte sehr oft und schlug mir die Knie auf.

Vor allem aber liess ich mir nichts gefallen, weder von den Kleinen, noch von den Grossen. Versuchte ein Kind, mich zu schlagen, so schlug ich zurück. Sie wussten wohl gar keinen Weg, mich zu zähmen, darum fertigten sie für mich ein Sündenbüchlein an. Da hinein schrieb Fräulein Manja jeden Tag meine kleinen Sünden und ich hatte es zu Hause vorzuweisen. Dann folgten Ermahnungen und gelegentlich auch Strafpredigten oder ich musste solange strafweise in der Ecke stehen, bis ich reumütig erklärte, in Zukunft braver zu sein.

So stand in dem Sündenbüchlein etwa:
„Helli hat heute einen Stuhl umgeworfen.“
„Helli hat mit dem Fuss aufgestampft.“
„Helli hat viel zu viel Klopapier verbraucht.“
„Helli ist wieder einmal als Letzte mit dem Essen fertig geworden.“
„Helli hat beim Essen so lange herum getrödelt, dass sie nachsitzen musste.“

Ach Gott, dieses leidige Essen! Das hätte es für mich gar nicht zu geben brauchen, denn wann immer ich gefragt wurde: „Hast du Hunger?“, so antwortete ich „Nein, ich möchte nichts essen.“ Gemessen an meinem ungeheuren Energieverbrauch, hätte ich Appetit haben müssen, wie ein Drescher. Hatte ich aber nicht. Ja, die meisten Eintragungen ins Sündenbüchlein bezogen sich aufs Essen. Wer nicht fertig wurde, musste mit seinem Teller auf dem Schoss auf einem der drei Stühlchen neben dem Eingang sitzen und das Essen hinunter würgen, das schon lang kalt geworden war.

Am schlimmsten war es, wenn es saure Milch gab. Ich konnte saure Milch nicht ausstehen, überhaupt nichts, was nach sauren Milchprodukten schmeckte, kann es bis heute noch nicht. Und damals wäre ich eher verhungert, als welche zu trinken. Mir wird es immer unverständlich bleiben, warum man ein Kind zum Essen zwingt, wenn es keinen Hunger hat, denn ich habe noch nie ein Kind gesehen, das freiwillig verhungert wäre. Schon damals habe ich mir fest vorgenommen, sollte ich einmal eigene Kinder haben, würde ich sie nie zum Essen zwingen.

Ich kann in der Nachschau nur eine einzige Entschuldigung für das Vorgehen der Erwachsenen finden: Sie fürchteten, ich könnte unter Mangelerscheinungen leiden und meine Mutter wollte ihr einziges Kind unter allen Umständen davor bewahren, genau wie vor dem Einfluss von Gassenkindern, ordinären Ausdrücken und schlechtem Benehmen.

An den Litfasssäulen klebte ein Plakat, von dem ein kleines Mädchen mit grossen traurigen Augen herunterblickte. Was darunter stand, konnte ich noch nicht lesen, aber die Erwachsenen sagten mir, dass dieses Kind Hunger hatte. Sie probierten es mit allen Tricks, mir das Essen schmackhaft zu machen, auch mit diesem, auf den sie sich, wie ich in der Nachschau feststellte, nichts einzubilden brauchten:

„Wenn du nicht isst, dann geben wir dein Essen dem armen Mädi."

„Ja, geben wir es dem armen Mädi," sagte ich und schob sofort den Teller von mir, Tränen des Mitleids in den Augen. Also auch der Appell an meinen Neid verfing nicht, der schon gar nicht. Ich wäre dankbar gewesen, hätte ich mein Essen im Hort jeden Tag mit diesem armen Mädchen teilen dürfen. Je mehr sich die Gespräche um das Essen drehten, desto weniger Appetit schien ich zu haben. Das Thema Essen sorgte jedenfalls in der Familie für dauernden Gesprächsstoff.

„Heute war sie brav, sie hat alles aufgegessen."

„Heute hat sie wieder gar nicht essen wollen."

„Einen Löffel für den Papa, einen für die Mutti, einen für Tante Lisa", so versuchten sie, mir das Essen so lange schmackhaft zu machen, bis der Teller leer war, mir die Tränen des Überdrusses, manchmal des Ekels kamen und ich froh war, dass ich die Erwartungen erfüllt und für eine Weile Ruhe hatte.

Kam es vor, dass ich vor Ekel oder durch einen verdorbenen Magen erbrechen musste, war Mutti sogleich mit einem Teller voll Essen zur Stelle. Denn was ich erbrochen hatte, musste sogleich wieder ersetzt werden, aus lauter Angst, ich könnte nicht genügend ernährt sein.

„Wenn du nicht isst, dann geht es dir wie dem Suppenkaspar", sagten mir die Grossen. Jaja, die Geschichte vom Suppenkaspar aus dem Struwwelpeterbuch von Heinrich Hoffmann hatte ich sehr früh kennen gelernt, und wenn Mutti mit mir über einen Friedhof ging, sagte sie etwa mit einem Hinweis auf die Grablaterne, die sie für mich sehr freizügig in einen Suppentopf umgewandelt hatte: „Siehst du, der hat auch nicht gegessen, und dann ist er gestorben. Und jetzt steht nur noch der Suppentopf auf seinem Grab". Das beeindruckte mich zwar, aber es änderte nichts an meiner Essunlust.

Einmal waren wir bei einer bekannten Familie zu Besuch und ich fragte Karlis Mutter:

„Frau Redlinger, schimpfen Sie auch immer mit dem Karli, wenn er nicht essen will?"

„Was? Wenn er nicht essen will? Nein, ich schimpfe mit ihm, weil er immer zuviel isst", antwortete sie.

Mutti sparte sich das Brot vom eigenen Mund ab, nur, damit ich genug zu essen hatte, sie strich mir sogar noch ein wenig Butter drauf, die ihr dann beim Kochen fehlte. Und ich liess mein Butterbrot irgendwo liegen, bis man es später völlig vertrocknet oder sogar verschimmelt fand und wegwerfen musste. Der Zorn darüber war begreiflich, aber auch der änderte nichts an meiner Appetitlosigkeit.

Kaum etwas konnte Mutti mehr in Rage bringen, als wenn ich etwas, was ihrer Meinung nach gut gekocht war, erbrechen musste, wenn ich denn schon versuchte, es mit Todesverachtung hinunter zu würgen, und es setzte dafür sogar so manche Ohrfeige. Ich habe mir später oft überlegt, woran das wohl gelegen hatte.

Denn ich war anderseits so erzogen, dass ich zum Beispiel tapfer jedes Medikament schluckte, ganz egal, wie schlecht es schmeckte, auch den widerlichen Lebertran und dies, weil man mir sagte, dass er gesund sei und dass man ein Übel mit einem anderen Übel austreiben müsse. Es gab auch nie Szenen beim Arzt, denn ich sah es ein, wenn man mir sagte, dass mir der Arzt nur helfen wollte. Das alles akzeptierte ich also, die Notwendigkeit des Essens aber nicht.

An einen von den Tischsprüchen, die wir stets vor dem Essen im Hort sagten, während wir uns an den Händen fassten, erinnere ich mich noch heute:

> Nun senket eure Löffel zusammen
> und schwöret in Dreiteufels Namen,
> dass der, der recht und schlecht erwischt,
> dem anderen auch nicht neidisch ist.

Bescheidenheit, Bescheidenheit,
verlass uns nicht bei Tische
und gib, dass ich zur rechten Zeit
das grösste Stück erwische.

Ich habe mir den Spruch wohl gemerkt, weil ich so gar nicht damit einverstanden war. Das grösste Stück hätte ich gerne den anderen überlassen, ohne jeden Neid und ich hätte gern in Dreiteufels Namen geschworen, nur noch essen zu wollen, wenn ich tatsächlich Hunger hätte.

Der Hort war also eine Einrichtung der nationalsozialistischen Partei. Selbstverständlich wurde mit „Heil Hitler" gegrüsst und an der Wand gab es ein Bild mit einem lächelnden Adolf Hitler in Uniform, mit der Hand an der Mütze. Von unserem Führer erzählten uns die Hortleiterinnen oft, woher er kam, wie er es geschafft hatte, Führer des deutschen Volkes zu werden. Verstanden habe ich davon nur wenig. Ich erinnere mich auch nicht, dass uns direkt irgendwelche nationalsozialistische Parolen eingetrichtert wurden. Manche Lieder wurden allerdings im Hort nicht gesungen. Statt „Ihr Kinderlein kommet" sangen wir „Hohe Nacht der klaren Sterne" und einige andere Lieder, die zwar Weihnachten irgendwie symbolisierten, aber nach Möglichkeit auf christliches Gedankengut verzichteten.

Auch Schlager sollten im Hort keine gesungen werden. In der Nachschau erscheint es lächerlich, dass man uns sagte: „Das ist ein Schlager, den singt ihr nicht!" Und dann ging der Schlager zum Beispiel so:

Es geht alles vorüber,
es geht alles vorbei,
nach jedem Dezember
folgt wieder ein Mai,
doch zwei, die sich lieben,
die bleiben sich treu.

Alle Feste wurden im Hort gefeiert, sofern sie nicht einen zu christlichen Charakter hatten. In der Adventszeit hing ein grosser Adventskranz von der Decke herunter, aber er hatte den Namen „Julkranz", angelehnt an die nordisch - germanische Mythologie. Und es kam zwar der Nikolaus, neu jedoch auch der Knecht Ruprecht. Aber der Böse mit der Rute, der ihn begleitete, hiess immer noch Krampus, als der er in Österreich bekannt ist. Immer, bevor wir nach Hause gingen, standen wir im Kreis und sangen zum Abschied ein Lied, während wir uns an den Händen hielten, z.B. „Ade zur guten Nacht" oder auch dieses, das ich mir gemerkt habe:

Ich bin ein junger Deutscher
und deutsch ist Herz und Sinn,
drum bin ich stolz und glücklich,
dass ich ein Deutscher bin.

Mein Vater ist ein Deutscher
und deutsch die Mutter mein,
was könnt ich da wohl anders,
als auch ein Deutscher sein?

Ich weiss auch wer der Führer
im deutschen Reiche ist,
er heisset Adolf Hitler,
dass keiner es vergisst.

Ich war damals noch zu klein, um zu begreifen, dass ich eigentlich Österreicherin war, jetzt aber plötzlich Deutsche sein sollte. Da wir ja Deutsch sprachen, war dies nichts Unlogisches. Und ein bisschen stolz war ich auch darauf, wenn mir jemand sagte: „Du bist ein richtiges deutsches Mädchen, mit blauen Augen und blonden Haaren."

In der Nachschau wird klar, dass wohl jedes Regime stets versucht, gerade Kindern und Jugendlichen jenes Gedankengut zu vermitteln, das sich gut dazu eignet, die Generation auf die gewünschte Seite zu ziehen.

Die Geschichte hat jedoch einen langen Atem und sorgt dafür, dass auch nach Jahren manche Dinge klar und verständlich werden, wie zum Beispiel diese:

Als Kind wusste ich kaum etwas von der Ächtung und Verfolgung der Juden während der Naziherrschaft. Erst in späteren Jahren habe ich von den furchtbaren Verbrechen erfahren. Es kamen viel später noch andere Dinge ans Tageslicht, die die Machthaber damals vor Probleme stellten. Eines davon war die „Arisierung der Strauss-Dynastie".

Als Wiener Kind wurde mir die Musik von Johann Strauss, eines der grössten musikalischen Genies meiner Heimat, schon an der Wiege gesungen. Ohne den Walzer „An der schönen blauen Donau" von Johann Strauss Sohn und ohne den legendären „Radetzkymarsch" seines Vaters geht kein Neujahrskonzert der Wiener Philharmoniker zu Ende. Sie sind längst zu heimlichen Hymnen Österreichs geworden.

Mit der Musik der Strauss-Dynastie waren die Nazis jedoch in arge Nöte gekommen, wie ich viele Jahre später erfuhr. Ich war damals schon im Ausland und habe mich dort mit der Geschichte meiner Heimat, besonders der musikalischen, intensiver beschäftigt.

Weil der Grossvater von Johann ein aus Ungarn stammender „getaufter Jud" war und dies in der Geburtsurkunde so vermerkt war, war Johann Strauss demnach ein Vierteljude. Wäre er weniger berühmt gewesen, so hätte man die Aufführung seiner Werke einfach verboten, wie dies mit Werken anderer Musiker, zum Beispiel jenen von Felix Mendelsohn-Bartholdy, geschah. Mit Musik von Strauss konnte man sich dies nicht leisten, denn er war ja bereits weltberühmt. So geschah es, dass das Ganze zur „Geheimen Reichssache“ erklärt, der Taufschein gefälscht, sowie die verräterische Eintragung kaschiert und Johann Strauss somit „arisiert“ wurde. Diese Fälschung gab viele Jahre später viel zu reden und wurde in musikalischen Kreisen entsprechend kommentiert und berichtigt.

Feste und Feiern

In der Vorweihnachtszeit gab es einen Julkalender. Das war ein langer Streifen mit aufgeklebten kleinen Schachteln. In jedem Schächtelchen war eine kleine Überraschung verborgen. Und das Kind, das an diesem Tag am bravsten war, durfte ein Schächtelchen abschneiden. Ich durfte das sehr selten, denn wenn ich so brav war, wie man es von mir erwartete, war dies eine Ausnahme. Irgend etwas hatte ich fast immer angestellt. Ich hatte zwar weder gelogen, noch gestohlen, aber etwas umgestossen, hatte mich mit anderen gestritten oder irgend so was. Und wenn von all dem nichts zutraf, so war es sicher etwas, das mit dem Essen zusammenhing. Helli Angermann, das war einfach ein unverbesserlicher Wirbelwind, wie ein Pferd, das zu viel Hafer gefressen, aber zu wenig Bewegung hatte.

Zu Ostern gab es pro Kind höchstens ein einziges Ei. Die anderen Eier, die kunstvoll bemalt, zur Dekoration auf dem Tisch lagen, waren alle ausgeblasen. Und der christliche Sinn des Festes, die Auferstehung Christi fand selbstverständlich keinen Platz im Programm des Hortes. Ostern, so sagte man uns, käme von der germanischen Frühlingsgöttin Ostara.

So kam es, dass ich von allen Festen zwei Versionen kennen lernte, die germanisch-heidnische im Hort und in der Schule und die christliche zu Hause und im Religionsunterricht. Dieser Religionsunterricht durfte an den Schulen nicht durchgeführt werden, er war nur privat erlaubt. Für mich hiess das: bei Schwester Benedicta im Kloster und später bei Herrn Kaplan Holzmann.

Zur Zeit des Karnevals, der, obwohl wir ja zu Deutschland gehörten, in Wien trotzdem immer noch Fasching hiess, gab es ein Kostümfest. Mutti nähte mir ein Rotkäppchenkleid und auch das dazugehörige rote Käppchen. Dazu bekam ich ein Körbchen mit einer Flasche Süssmost und einem Kuchen, den ich unter den Kindern verteilen durfte. Den Kuchen backte meine Mutter nach einem selbsterfundenen Rezept, er wurde „schwarzer Kuchen“ genannt. Man brauchte nur ein einziges Ei dazu und, soweit ich mich erinnere, verwendete sie schwarzen Kaffee, natürlich aus Kaffee-Ersatz. Die Rolle des Rotkäppchens blieb mir treu bis in meine Tanzstundenzeit, wenn ich als Rotkäppchen auf Maskenbälle ging.

Meine Mutter war als Postzustellerin für einen grossen Rayon zuständig. Dazu gehörte eine Familie, in der der Mann im Krematorium arbeitete. Er hatte eine Unmenge roter und schwarzer Kranzschleifen liegen, um die ihn Mutti bat. Er gab sie ihr, wunderte sich aber darüber und fragte sich wohl, was sie damit machen wollte. Was sie damit machte? Sie zauberte mir aus den roten und schwarzen Schleifen ein Rüschenkleid für das nächste Kostümfest, wie es der spanischen Opernheldin Carmen nicht besser angestanden hätte. Nur die Unterseite dieser Schleifen durfte man nicht ansehen, denn da stand drauf: „Letzte Grüsse“ oder „Ruhe sanft“. Mit dem Kleid und meinen Ballettschuhen trat ich als spanische Tänzerin auf und wurde von den anderen gebührend bewundert. Helli als spanische Tänzerin, das passte zu ihrem Temperament! Und die blonden Zöpfe, die nicht dazu gepasst hätten, wurden unter einer Perücke aus aufgetrennter schwarzer Wolle versteckt.

Manchmal hiess es: „Der Führer spricht“. Wir mussten uns im Halbkreis um das Radio setzen und uns still verhalten. Ich war wirklich noch zu klein, um zu verstehen, was der Führer sagte. Ich hörte nur die Stimme, die aus dem grossen Radio-Apparat bellte. Das sollte der Führer sein? Ich hatte ihn doch auf Bildern oder im Kino in der Wochenschau ganz anders gesehen, wie er freundlich den Hitlerjungen die Hand gab.

Überhaupt das Radio! Das war ein ganz eigenes Kapitel. Am Anfang gab es nur Radios mit Detektoren, also Kopfhörern. Kam jemand ins Zimmer und wollte etwas sagen, so zischten die, die gerade eine Sendung hörten, ein aufgeregtes „Pscht, pscht!“. Auf diese Pionier-Radios folgten dann bald die Volksempfänger. Das waren kleine schwarze Kästchen, mit einer runden stoffbezogenen Scheibe in der Mitte. Einen solchen besassen auch wir zu Hause. Und etwas später kamen die grösseren Empfänger auf. Hatte jemand so einen ergattern können, so kam die ganze Nachbarschaft zusammen, um ihn in Augenschein zu nehmen und gebührend zu bewundern.

Das Radio hatte etwas Faszinierendes, fast täglich konnte man die Melodien von Johann Strauss hören, „An der schönen blauen Donau“ und den „Radetzkymarsch“. Die Stimme von Lale Andersen mit ihrem berühmt gewordenen Lied von „Lili Marlen“ ging jeden Tag mindestens einmal über den Äther. Und das Pausenzeichen zu jener Zeit erklang nach der Melodie „Üb immer Treu und Redlichkeit.“

Viel später erzählte mir Mutti, mein Vater habe einmal das Radio gepackt und sei wutentbrannt damit zum Radiohändler gelaufen, weil er es neu gekauft hatte und es keinen Ton von sich gab. Der Mann im Radiogeschäft erklärte ihm, dass an dem Tag Sendepause war. Papa musste sich deswegen noch eine ganze Weile necken lassen.

Erster Schultag
und ein neuer Schritt ins Leben

Noch nicht sechs Jahre alt war ich an meinem ersten Schultag. Es war der 1. September 1941. Ich hängte mir den Ranzen schon tagelang zuvor um und konnte vor lauter Aufregung vor dem grossen Tag kaum schlafen, konnte es kaum erwarten, endlich in die Schule zu gehen. Ich trug ein himmelblaues gestricktes Kleid, auf dessen Brust mir Mutti ein Kränzlein aus Wiesenblumen gestickt hatte. Viele meiner Sachen waren blau, weil sie am besten zu meinem Haar und meinen Augen passten. Blau blieb daher ein Leben lang meine Lieblingsfarbe. Frau Geiger, die Lehrerin, Mutti hatte sie auf ungefähr fünfzig Jahre alt geschätzt, trug stets einen schneeweissen Arbeitsmantel, war lieb und geduldig und vor allem lustig.

Unsere Mütter durften in der ersten Schulstunde hinten in der Klasse sitzen, damit sie ihre Sprösslinge beobachten konnten, wie sie den ersten wichtigen Schritt in einen völlig neuen Lebensabschnitt machten.

Wir zählten im Chor bis zwanzig und dann übte die Lehrerin mit uns den Spruch:

> Wir Wiener Wäscherweiber
> wollen weisse Wäsche waschen,
> wenn wir wüssten,
> wo warmes, weiches Wasser wäre.

Ich habe nur gute Erinnerungen an Frau Geiger. Das allererste Lied, das wir zur Gitarrenbegleitung bei ihr lernten, war:

I fahr, i fahr, i fahr mit der Post.
Fahr mit der Schneckenpost,
weil's mich kan Kreuzer kost.
I fahr, i fahr, i fahr mit der Post.

Und an die Tafel zeichnete sie die Lage der Stadt Wien mit der Donau und dem Donaukanal.

Es machte Spass, Lesen, Schreiben und Rechnen zu lernen. Rechnen etwas weniger, denn das war und blieb immer mein schwächster Punkt. Und besonders schön geschrieben habe ich wohl auch nicht, wenn ich mir später die Hefte ansah. Als Papa einmal auf Urlaub kam, da nahm er ein Blatt Papier und übte mit mir: Haarstrich, Schattenstrich, Haarstrich, Schattenstrich. Wir lernten in der ersten Klasse die deutsche Schrift, deshalb habe ich auch heute noch keine Mühe, alte Bücher, die in dieser Schrift gedruckt sind, zu lesen oder einen Text zu schreiben. Die Lateinschrift lernten wir erst in der zweiten Klasse.

Nach etwa drei Monaten erwartete uns eine ganz besondere Überraschung. Die Lehrerin hatte unsere Plätze mit Hilfe der Schülerinnen der vierten Klasse liebevoll mit roten und schwarzen Krepppapierfiguren in den Farben von Nikolaus und Krampus dekoriert. Der Krampus ist in Österreich der böse Begleiter des Nikolaus. Auf jedem Platz lag ein roter Federhalter und das Tintenfass hatte eine rote Schleife.

„Wir dürfen mit der Tinte schreiben! Wir dürfen mit der Tinte schreiben!“ jubelten wir. Und wirklich: Der Nikolaus hatte uns Feder und Tinte gebracht und ein nagelneues Heft, eingefasst in leuchtend rotes Papier. Der Weg war zwar ein wenig steinig, bis die Linien ohne Kleckse und Flecken mit Buchstaben und Wörtern gefüllt waren, denn Radieren, wie früher beim Schreiben mit dem Bleistift, ging jetzt nicht mehr.

Ja, Lernen war nun angesagt. Ich weiss gar nicht mehr recht, was ich früher lernte: Buchstaben oder Noten lesen. Ich glaube, es waren die Noten. Und das kam so: Meine Mutter hatte sich sehr gewünscht, dass ich ein Musikinstrument lernen möge, etwas, was ihr selbst immer verwehrt geblieben war. Dass die nötige Musikalität vorhanden war, schloss sie daraus, dass ich alles, was man mir vorsang, sofort richtig nachsingen konnte. Sie erzählte mir oft, ich hätte, als ich noch als ganz kleines Mädchen im Gitterbett stand, wenn sie beim Aufräumen sang: „Und kommt der Frühling in das Tal…“, völlig richtig fortgesetzt habe: „…grüss mir die Lore noch einmal, ade, ade, ade!“

Für ein Klavier war in unserer Wohnung kein Platz, ausserdem hätte man ohnehin wegen der Knappheit auf allen Gebieten des Lebens keines mehr bekommen. Aber eine Zither konnte Mutti auftreiben und auch eine Lehrerin fand sie.

Ich war begeistert, als ich das Instrument sah, aber noch mehr begeisterte es mich, dass meine beste Freundin Elfi auch eine Zither bekommen hatte und zur selben Lehrerin ging. Ich spürte sofort, dass sich da eine völlig neue, grosse Welt auftat.

So ging ich zum ersten Mal in den Musikunterricht, also ungefähr zur selben Zeit, als ich soeben in die erste Klasse kam. Meine Mutter kam anfangs mit, weil der Zitherkasten für mich doch noch ein wenig schwer zu tragen war. Später trug ich ihn tapfer allein. Fräulein Bittmann sah sich meine Hände an, wiegte den Kopf und sagte dann: „Die Fingerchen sind halt noch so klein und kurz, ich weiss nicht, ob es geht, aber wir versuchen es.“

Es war am Anfang wirklich hart, denn meine kleinen Finger mussten sich nicht nur gewaltig strecken, bis der rechte Ringfinger auf den C-Bass reichte. Auf den Fingerkuppen bildeten sich von den scharfen Metallsaiten bald Blasen, die aufsprangen. Aber die Neugierde, wie meine ersten Versuche auf dem Instrument klingen würden, war grösser, der Ehrgeiz, es zu schaffen, ebenfalls. Ich hatte auch schnell begriffen, dass es meine Mutter etliche Opfer gekostet hatte, mir ein Instrument zu beschaffen. In keinem Fall hätte ich sie enttäuschen mögen. Und so klebten sie mir ein Pflaster auf die wunden Stellen, bis sich eines Tages eine Hornhaut gebildet hatte und es keine Schmerzen mehr gab.

Elfi erging es ähnlich wie mir, aber wir machten Fortschritte. Und eines Tages wurde das wahr, was wir uns vorgenommen und gewünscht hatten: Unser erster Walzer, den Elfi und ich zweistimmig spielen konnten. Er hiess „Kletterrosen-Walzer". Unsere Mütter waren entzückt und gerührt zugleich. Für mich zählte aber etwas anderes: Die Erwartungen, die meine Mutter in mich gesetzt hatte, waren erfüllt. Sie würde noch viele Erwartungen in mich setzen, denn sie wollte doch immer, dass es mir einmal besser gehen sollte, als ihr.

Ein Walzer in der Walzerstadt Wien, in der Heimat von Johann Strauss, das war das höchste der Gefühle! Wie lange würde es wohl dauern, bis wir „An der schönen blauen Donau" spielen konnten, ein Stück, das wir ja so oft im Radio hörten?

Wien war und ist natürlich der beste Boden für Musik. Alle grossen Musiker, wie Beethoven, Brahms, Mahler und Mozart sind nach Wien gekommen und dort sesshaft geworden. Schubert und Strauss waren ohnehin Wiener. Ich erinnere mich, dass man uns deren Musik schon in den ersten Schulklassen nahegebracht hat. Es war noch in der ersten oder zweiten Klasse, als uns eine Musikergruppe im Schulzimmer einen Satz aus einem Haydnquartett vorspielte und dass man uns die Instrumente und die Musik so erklärte, dass dies auch ein Kind versteht und das Interesse geweckt wird.

Ich glaube, es war der Satz aus dem „Kaiserquartett", nach dem die deutsche Hymne „Deutschland, Deutschland, über alles" nach dem Text von Heinrich Hoffmann von Fallersleben entstanden ist und von der heute die dritte Strophe als Hymne Deutschlands gesungen wird.

Das Schlüsselkind

Als ich zur Schule kam, stellte sich ein grosses Problem: Mutti musste schon sehr frühzeitig das Haus verlassen, ich war also gerade zu der Zeit, in der ich aufstehen und zur Schule gehen musste, allein. Darum musste alles genau organisiert werden.

Meine Zöpfe wurden am Vorabend geflochten und um den Kopf gewunden. Ich musste in der Nacht ein Netz aufsetzen, damit die Frisur am Morgen noch in Ordnung war. Auf dem Tisch stand das vorbereitete Frühstück, der Kaffee in der Thermosflasche. Ein Wecker läutete, wenn ich aufstehen, ein zweiter, wenn ich weggehen musste.

„Und vergiss nicht, die Wohnung abzuschliessen", schärfte mir Mutti ein. Ich war also ein Schlüsselkind geworden. Das mit dem Schlüssel war auch so eine Sache und in der Nachschau folgenreich. Schlüssel haben mich ein ganzes Leben verfolgt, bis heute. Ich habe aus meiner Kindheit ein eigentliches Schlüsseltrauma bis ins Erwachsenenalter davon getragen, in Form von Panik-Attacken, wenn wieder ein Schlüssel verschwunden schien.

Denn so wie ich gelegentlich ein Heft, ein Buch oder sonst etwas von meinen Sachen irgendwo liegen liess, so geschah es auch mit dem Schlüssel. Er war einfach weg, nirgendwo aufzufinden. Da half es auch nicht viel, ihn mir an einem Band um den Hals zu hängen, denn in der Turnstunde zog ich ihn ab und er blieb liegen oder ich verlegte ihn irgendwo im Hort. Ein verlorener Schlüssel aber war in unserer Familie ein Drama. Mehr konnte ich meine Mutter nicht in Zorn versetzen, als mit einem nicht auffindbaren Wohnungsschlüssel. Es hätte ihn ja jemand finden und damit in unsere Wohnung eindringen können.

Vermisste ich also meinen Schlüssel wieder einmal, so getraute ich mich kaum nach Hause, weil ich den Krach fürchtete, den es unweigerlich absetzen würde. Ich weinte schon auf dem Heimweg und besorgte Passanten fragten mich:

„Warum weinst du denn?"

„Ich habe meinen Schlüssel verloren."

„Na und? Das ist doch nicht so schlimm, ihr werdet doch noch einen zweiten haben."

„Ja schon, aber meine Mutti wird so böse, ich getraue mich gar nicht nach Hause."

Dann kam es schon vor, dass ein mitleidiger Mann oder eine Frau mit mir nach Hause kam und sich mit eigenen Augen von dieser Rabenmutter überzeugen wollte, die ihr Kind wegen eines verlorenen Schlüssels so strafen wollte, dass es sich nicht nach Hause wagte. Dazu muss man wissen, dass der Wiener nicht eben zimperlich ist mit seinen Ausdrücken, er pflegt recht deutlich zu sagen, was er denkt. Dies waren dann oft recht peinliche Momente für meine arme Mutter.

Solche Schlüsselgeschichten folgten im Lauf der Jahre noch mehrere. Sie waren immer unerfreulich, es gab deswegen handfeste Kräche, Tränen, nervenzermürbende Such- und Strafaktionen. Meistens kam dieser Schlüssel ja wieder irgendwo zum Vorschein und alles war wieder im Lot – bis zum nächsten Mal.

Von der Schule weg ging es also normalerweise direkt in den Hort. Dort gab es Mittagessen und anschliessend Aufgabenstunde. Der Rest des Tages blieb für Spiel und Gemeinschaftsleben. Erst am Abend trafen wir uns zu Hause wieder.

Manchmal, am Anfang selten, später aber immer öfter, gab es Fliegeralarm. Wenn Voralarm gegeben wurde, wurden wir von der Schule heimgeschickt. Dann wusste ich, dass ich zu Hause in den Luftschutzkeller gehen musste. Mutti war irgendwo auf ihrem Zustellrayon und sass möglicherweise dort in irgendeinem Luftschutzkeller. Einige Koffer mit den wichtigsten Dingen standen immer fertig gepackt in der Wohnung. Unsere Nachbarin half mir dann, sie in den Keller zu tragen. Es gab mehrere Sandsäcke und Eimer, gefüllt mit Wasser. Wir sassen mit Kopftüchern, Staubbrillen und einem Täschchen um den Hals gehängt, in dem sich die wichtigsten Dokumente befanden, bis zur Entwarnung in dem dumpfen muffig riechenden Keller. Im Ernstfall wären wir aber dort unten ziemlich sicher in einer Falle gesessen, aus der es kein Entrinnen geben konnte. Das alte, schon recht morsche Gemäuer hätte uns im Ernstfall kaum geschützt.

Wir wohnten im zweiten Stock eines dreistöckigen Hauses mit 30 Parteien. Es war ein richtiges altes Wiener Zinshaus. Die Toiletten befanden sich auf dem Gang. Auch das Wasser musste von einer einzigen Gemeinschafts-Wasserleitung, ebenfalls am Gang, in Wien sagte man „Bassena", in einer Wasserkanne in die Wohnung getragen werden. Die Küche hatte nur ein Fenster zum Flur. Daran schloss sich ein einziges, allerdings sehr grosses Zimmer mit Blick in den Hof an. Das hatte den Vorteil, dass es ziemlich ruhig war, wenn nicht die Nachbarn im gegenüberliegenden Haus die Fenster offen hielten und laut Radio hörten. In den Hof kam man nur über eine Tür, die normalerweise abgeschlossen war. Den Schlüssel musste man sich bei der Hausmeisterin holen. Wenn ich allein zu Hause war und, da ich ja nicht in den Park durfte, Sehnsucht nach einem kurzen Aufenthalt im Freien hatte, liess ich manchmal absichtlich vom Fenster einen Gegenstand in den Hof hinunter fallen. Dann hatte ich einen Grund, mir den Schlüssel von der Hausbesorgerin zu erbitten und mein Haus, unsere Fenster, aus einer anderen Perspektive zu sehen. Manchmal tat ich es aber auch, nur damit ich die Katze streicheln konnte, die ich dort unten entdeckt hatte.

Die beiden Fenster unseres Zimmers hatten eine breite Vorbank, auf der ich es mir oft bequem machte und meine Märchenbücher las. Unglücklich war ich nicht, denn ich kannte ja nichts anderes, es war mein Zuhause.

Mutti richtete unser kleines Heim so gemütlich ein, wie es ging, dekorierte es mit Bildern, und auf dem Spiegelkasten stand eine Biedermeier-Tänzerin aus grün-weisser Gmundner Keramik.

Die alte Frau Reppenschek war inzwischen im hohen Alter von über achtzig Jahren gestorben, der Laden wurde geschlossen und wir machten unsere Einkäufe in einem Lebensmittelgeschäft einige Strassen weiter. Der Kaufmann hiess Prinz und der Laden war viel grösser. Wenn man eintrat, umfing einen ein ganz typischer Geruch aus frischem Brot, Käse, Äpfeln oder Birnen, Gewürzen und Petroleum. Das Petroleum war in zwei grossen dunkelroten tankähnlichen Behältern, die vorne einen Hahn hatten, untergebracht.

In den Schubladen gab es Mehl, Griess und Zucker, welches Herr Prinz oder seine Frau in Säcke abfüllte. Die Butter lag in einem grossen Block unter einer Glasglocke. Von dem schnitten sie das verlangte Gewicht ab oder vielmehr gerade so viel, als es auf Marken eben gab. Meistens war es nur ein winzig kleines Stück. Herr und Frau Prinz waren sehr freundliche Leute, die meine Mutter aufmerksam bedienten und mir hin und wieder ein Rädchen Wurst oder ein Stückchen Käse über den Ladentisch reichten.

Ich ging gerne in Prinz´ Laden. Sie hatten nämlich einen schwarzen Kater. Er hiess Murrli und lag immer irgendwo im Geschäft. Er liess es sich gern gefallen, dass ich ihm sein schönes glänzendes Fell streichelte, liess nie die Krallen heraus und wusste sicher genau, dass ich Katzen überaus liebte. Das war offenbar nicht bei allen Leuten gleich, denn einmal habe ich beobachtet, dass Murrli einem Jungen recht unsanfte Tatzenhiebe austeilte. Sicher hatte er mit ihm schon schlechte Erfahrungen gemacht.

Zu Weihnachten gab es bei uns einen Baum, der bis zur Decke reichte. Er war stets ganz mit silberfarbenem Schmuck dekoriert. Darunter befanden sich auch Schokoladenstücke, in Silberpapier eingewickelt, aber sie waren schon uralt und deshalb nicht mehr essbar, sie taugten nur noch für die Dekoration. Wenn das Christkind gekommen war, klopften meine Eltern an die Wand der Nachbarn, wo ich mich bis zur Bescherung aufhielt und liessen ein Glöckchen läuten und ich glaubte tatsächlich lange Zeit, dass das Christkind soeben zum Fenster hinaus geflogen war und nur noch ein Strähnchen Engelhaar verloren hatte und ich halt gerade um eine Minute zu spät gekommen war.

Ferien weit weg von Wien in Sachsen

In den Ferien nach der ersten Klasse, kam ich auf eine Kinderlandverschickung. Mutti erklärte mir, dass die Reise zu einer Familie nach Sachsen gehen würde. Es wurde eine sehr lange Fahrt, sie ging über das damalige Protektorat nach Zwickau und dann hielt der Zug in dem kleinen Ort Purkersdorf. Dort nahm mich Frau Wally Roscher in Empfang. Ich trug an einem Band um den Hals einen Zettel mit Namen und Adresse, der wohl mit ihren Angaben übereinstimmte. Wie sie mir erzählte, nahm sie jedes Jahr ein Pflegekind auf, es hatte vor mir schon einige gegeben. Das Ehepaar Roscher war kinderlos und besass einen Bauernhof, ein Gasthaus und eine Metzgerei. Aber Gasthof und Metzgerei waren wegen des Krieges geschlossen und der Mann war, wie mein Vater, im Krieg. Auf dem Hof weilten auch Tante Wallys Neffe Dieter und seine kleine Schwester Ulli aus Dresden in den Ferien. Als ich am ersten Abend in einem fremden Bett lag, da vergoss ich Tränen des Heimwehs. Aber das legte sich bereits am nächsten Tag, als ich, mit Dieter zusammen, die Gegend erkundete.

Die gute Luft und die andere Umgebung wirkte sich vorteilhaft auf meine Gesundheit und auf meinen Appetit aus, und das Kapitel Essen gab es in Purkersdorf ganz offensichtlich nicht, jedenfalls wurde es nie diskutiert.

In dem Dorf gab es einen Ententeich. Die Nachbarskinder, mit denen ich mich sogleich anfreundete, besassen einen hölzernen Waschtrog. Aus ein paar Stangen und Brettern hatten sie zwei Paddel gebastelt und veranstalteten auf dem Teich Rundfahrten. Eine Tour kostete einen Pfennig und die Kinder sagten, sie sparten das Geld für einen neuen Trog zusammen. Wie lange mussten sie da wohl paddeln und sparen?

Besonders interessant war es, das Haus der Roschers zu erkunden. Da es ja ein Gasthof war, befand sich in der grossen Küche ein Speiseaufzug in den oberen Stock, und Tante Wally erlaubte uns, ihn zum Spielen zu benutzen, also Gegenstände oder Zettel mit Nachrichten zu transportieren. Da waren einige Gastzimmer und es gab sogar einen grossen Saal mit einer Bühne. Dort veranstalteten wir Theateraufführungen mit selbsteinstudierten Stücken und in Kostümen, die uns Tante Wally gern zur Verfügung stellte. Dieter war immer der Prinz und ich durfte die Prinzessin spielen und sorgte manchmal bei den Sachsen für Heiterkeit, wenn ich etwas Komisches in meinem Wiener Dialekt sagte.

In einem der Zimmer stand ein Klavier. Es war wohl etwas verstimmt und auf ein paar Tasten fehlte der weisse Elfenbeinbelag. Dieses Zimmer war mein Paradies, denn ich konnte mir die Töne zu den Liedern, die ich schon kannte, zusammensuchen und lange an dem alten Klavier verweilen.

Dieter und Ulli waren die Kinder von Wallys Schwester Wanda. Sie und auch die Eltern von Wally und Wanda kamen aus Dresden nach Purkersdorf zu Besuch. Und sie nahmen mich sogar einmal für ein paar Tage mit nach Dresden. Die Baiers wohnten an der Strasse, die der Elbe entlang führt. Sie besassen eine Schneiderei mit einem Laden. Aber wie der Gasthof und die Metzgerei der Roschers, blieb auch der Laden der Baiers geschlossen, denn der Vater war ebenfalls an der Front.

Dresden wurde knapp vor Kriegsende beinahe ganz von den Engländern zerstört, dieses wunderbare Dresden, in dem es damals nur Frauen, Kinder, Alte und Flüchtlinge, aber gar keine wirklich strategischen Ziele gab. Von den Baiers habe ich nach diesem furchtbaren Inferno niemals wieder gehört und dies hat meine junge Seele belastet. Es hat mir gezeigt, wie rasch alles vorbei sein kann, wie schnell und brutal Leben ausgelöscht werden. Ich erfuhr natürlich später, dass die Deutschen nicht besser waren. Aber in meinem kindlichen Denken sammelte sich mehr und mehr die Wut und die Abneigung gegen diejenigen an, die einfach alles vernichteten, woran unser Herz hing, was wir liebten. Was die Deutschen anderswo anrichteten, sah ich nicht, was die Amis und die Tommies, wie wir die Engländer nannten, anderen taten, war tagtäglich zu sehen.

Nach der Wiedervereinigung beider deutscher Staaten habe ich Dresden wieder gesehen. Die Brühlsche Terrasse und die Strasse dem Elbeufer entlang kamen mir sofort bekannt vor, obwohl viele Jahrzehnte dazwischen lagen. Erstaunlich, wie sich gewisse Eindrücke unauslöschlich ins Gedächtnis einprägen. Die Steine der Frauenkirche waren nummeriert und fein säuberlich hinter einem Drahtverhau aufgeschichtet, damit diese Kirche nach alten Plänen wieder neu aufgebaut werden kann, mehr als fünfzig Jahre, nachdem sie von den feindlichen Flugzeugen zerstört worden war. Erst Jahrzehnte später wurde die Kirche wieder aufgebaut und erstrahlt nun in neuem Glanz.

Nach Purkersdorf bin ich nicht mehr gekommen. Aber Bekannte aus Sachsen, die ich auf einer Reise in die Tschechoslowakei in den späten Siebziger Jahren kennen gelernt hatte, sind einmal für mich hingefahren und haben sich nach den Pflegeeltern Roscher erkundigt. Hans Roscher ist nicht mehr aus dem Krieg zurückgekehrt. Tante Wally hat einen anderen Mann kennen gelernt. Sie wollten in ihrem Gasthof einen bunten Abend organisieren und sind, um eine Musikgruppe zu engagieren, in ein benachbartes Dorf gefahren. Auf dem Weg dahin sind sie mit dem Motorrad tödlich verunglückt. Und aus ihrem Haus ist ein Begegnungszentrum für die Gemeinde geworden. Was also hätte mich dort noch erwartet?

Lehrerin Grob, die ihrem Namen alle Ehre machte

Als ich von Sachsen zurückkam, begann das Schuljahr mit der zweiten Klasse. Ich bekam eine neue Lehrerin, sie hiess Auguste Grob und war sicher auch schon jenseits der Fünfzig und etwas korpulent. Nicht, dass es mir bei ihr nicht gefallen hätte, ich habe viel gelernt und zu meinem Glück mochte sie mich auch. Aber ihre merkwürdigen pädagogischen Methoden würden den heutigen Anforderungen bei Weitem nicht mehr standhalten, denn sie stammten wohl noch aus dem letzten Jahrhundert, als die Lehrer hauptsächlich mit dem Rohrstock arbeiteten. Hatten wir Rechnen, meine schwache Seite, so mussten wir alle aufstehen. Die Lehrerin sagte eine lange Kettenrechnung an, mit Zuzählen, Wegzählen, Malnehmen und manchmal auch Teilen. Wer es zuerst wusste, durfte sich setzen. Bei diesen Rechenexempeln geriet ich regelmässig in Panik, denn schon bei der dritten oder vierten Zahl hatte ich hoffnungslos den Faden verloren, während die guten Rechner blitzartig den Finger in die Höhe streckten. Und ich war immer bei denen, die sich erst ganz zum Schluss setzen durften. Es blieb mir erspart, die Allerletzte zu sein, denn es gab doch ein paar andere, die noch schlechter rechneten.

Wer zuletzt stehen blieb, der wurde unter Anleitung der Lehrerin von den anderen Kindern als Klassentrottel verspottet, indem sie mit dem rechten Zeigefinger über den linken strichen und laut „pfui!" schrien. Aber nicht genug damit: Das bedauernswerte Kind musste sich für den Rest des Tages in die letzte Bank, in die sogenannte Eselsbank setzen. Erika Wipfinger sass dort mehr als sonst wo. Wahrscheinlich war es ihr Glück, dass sie am Ende des Jahres sitzen blieb und von Frau Grob erlöst war. Ich habe mich übrigens an solchen Spottaktionen nie beteiligt. Denn meine Mutter gab mir den Leitsatz mit: „Wenn alle

Starken gegen einen Schwachen sind, dann sei du immer auf der Seite des Schwächeren." Kurioserweise hing an der Wand hinter der Eselsbank das Bild von Adolf Hitler. Frau Grob hatte es dort hin gehängt, damit sie es, wenn sie vor der Klasse stand, immer sehen konnte und sie hatte es rundherum mit einer ganzen Girlande von Hakenkreuzwimpeln geschmückt.

Der Rat meiner Mutter führte übrigens zur Entwicklung einer wichtigen Eigenschaft – zur Zivilcourage, die ich im Leben noch oft brauchen sollte.

Mein mangelndes Zeichentalent konnte ich Frau Grob nicht anlasten. Das Zeichnen hasste ich geradezu. Ich radierte so viel, dass es ein Loch im Papier gab, auch dann, wenn ich nur ein einfaches Blümchen zeichnen sollte, und es setzte hin und wieder Ohrkniffe von Frau Grob, wenn meine Zeichnungen durch Flecken vom Radieren und durch Farbkleckse am Rand verunstaltet waren. Wenn ich mich dann zu Hause an unseren alten Nachbarn wandte, der mir zeigte, wie ich ein einfaches Blümchen ohne Radieren und Löcher im Papier zuwege brachte, so war von Frau Grobs mangelndem pädagogischen Talent einiges wieder ausgeglichen. Dennoch beneidete ich meine Banknachbarin Edith May. Sie zeichnete mit spielerischer Leichtigkeit alles, was man nur wollte.

Singen liebte ich natürlich am meisten, konnte jede Melodie sofort nachsingen und erkannte ein Lied schon am Notenbild. Beim Notenlesen und beim Umsetzen ins Singen halfen mir die Zitherstunden. Ich habe es schon einmal erwähnt: Ich erinnere mich noch heute nicht wirklich, was ich früher konnte: Noten oder Buchstaben lesen. Ich glaube, das Notenlesen beherrschte ich zuerst. Wenn wir Noten schreiben mussten, dann war ich immer als Erste fertig und malte auch schwungvoll den Violinschlüssel aufs Blatt.

Deutsch gehörte zu meinem Lieblingsfächern, ich schrieb lebendige Aufsätze und machte kaum Fehler. Ganz stolz kam meine Mutter einmal nach Hause und sagte, Frau Grob habe ihr von einem so lustigen Aufsatz erzählt, den ich über einen zerstreuten Professor geschrieben hatte. Sie lobte meinen Wortschatz und die Art, wie ich mich ausdrückte. Sicher kam das vom vielen Lesen. Aber wehe denen, die mit der Rechtschreibung auf Kriegsfuss standen! Sie mussten ihre Hand vorstrecken und bekamen mit dem Lineal für jeden Fehler einen Schlag. „Jetzt bekommst du deine Schmiere“, sagte die Lehrerin dazu, und das grosse Zittern kam bei den Rechtschreibschwachen jedes Mal auf, wenn die Hefte verteilt wurden. Ihre Leistungen wurden aber deshalb nicht besser, eher im Gegenteil.

Das also war Frau Grob, die ihrem Namen alle Ehre machte. Ich konnte schon damals nicht begreifen, dass man mit Spott und Schlägen einem Kind was erklären oder beibringen kann. Und ich fasste den festen Entschluss, selbst einmal Lehrerin zu werden und es viel besser zu machen. Wenn ich zu Hause mit meinen Puppen Schule spielte, gab es jedenfalls keine Eselsbank und schon gar keine Schläge mit dem Lineal auf die Hände.

Im ganzen Land herrschte an allen Dingen grosse Knappheit und das Meiste gab es entweder nur für Marken oder Bezugsscheine. Glücklich, wer einen Bezugsschein für ein Paar neue Schuhe ergattern konnte oder für ein, zwei Meter Stoff für ein Kleid.

Ein neues Heft bekamen wir nur, wenn das alte ausgeschrieben war, und zwar auch bis hinten auf dem Deckumschlag. Wir mussten damit zum Oberlehrer gehen und einen Stempel verlangen, dann gab es im Schreibwarengeschäft dafür ein neues Heft. Für weniger wichtige Arbeiten bekamen wir ein sogenanntes Kriegshilfsheft. Diese Hefte waren aus Altpapier hergestellt und konnten nur mit Bleistift beschrieben werden, die Tinte wäre darauf völlig zerlaufen.

In der Schule wurden wir angehalten, Altstoff zu sammeln: Papier, Glas, Eisen, Stanniol, Knochen, Lumpen. Wir mussten die

Sachen zur Schule bringen, die Lehrerin wog sie und trug das Gewicht fein säuberlich in Listen ein. Für jedes Sammelgut wurden je nach Gewicht Punkte vergeben. Und wer fleissig sammelte, bekam einen Preis.

Ich schrieb zu Hause ungefähr dreissigmal auf Zettel:

> Ich sammle für die Schule Altstoff.
> Wenn Sie Knochen, Papier, Lumpen,
> Glas, Stanniol oder Metall haben,
> bringen Sie mir bitte die Sachen und
> legen Sie sie in die Schachtel neben
> unserer Wohnungstür.
>
> Danke schön
> Helli Angermann

Diese Zettel warf ich in jeden Briefkasten und die Abfälle wurden prompt in die Schachteln vor unserer Wohnungstür gelegt. Wahrscheinlich waren die Leute sogar froh, dass es ihnen abgenommen wurde, die Sachen irgendwohin zu bringen. In der Schule erhielt ich für fleissiges Altstoffsammeln am Ende des Schuljahres den ersten Preis. Es war ein Sparbuch über 20 Reichsmark. Für mich war das ein halbes Vermögen. Meine Idee mit dem Zettelschreiben wurde als sehr nachahmenswert empfohlen, und ich zog daraus eine meiner ersten Erfahrungen fürs Leben:
Wenn du was erreichen willst, dann musst du immer noch einen Zacken zulegen, immer noch einen draufsetzen, mehr tun, als die anderen.

Diese Altstoffsammlerei aber hatte noch einen späten Effekt, einen der mich ein Leben lang begleitete: So ungeduldig ich auch als erwachsener Mensch geblieben bin, niemals habe ich eine Paketschnur mit dem Messer aufgeschnitten, sondern sie sorgfältig gelöst, aufgewickelt und für weiteren Gebrauch aufbewahrt. Ich mache es noch heute so. Ich erinnere mich, dass ich sogar das Packpapier umdrehte und die Hinterseite für ein neues Paket weiter verwendete, die Schachtel ebenso. Und wenn ich auch oft belächelt wurde, so steckte ich später eine Verlängerungshülse an einen schon kurzen Bleistift.

Alles, was man zum täglichen Leben brauchte, war knapp und nur dann rascher zu erreichen, wenn jemand Naturalien oder einen Gegendienst anbieten konnte. Auch zum Friseur musste man das Shampoo mitbringen. Meine Mutter ging immer zu Frau Henzel, welche ihr Geschäft auf der gegenüberliegenden Seite des Parks hatte. Dort verbrachte sie stets mehrere Stunden, wenn sie eine Dauerwelle bekam. Die Haare wurden auf unförmige Wickel, die mit Metallplättchen belegt waren, aufgedreht. Jeder einzelne Wickel hing an einem Kabel. Das Ganze wurde elektrisch aufgeheizt und es sah aus, als ob jemand einen überdimensionalen Lampenschirm auf dem Kopf hätte. War das Werk endlich fertig, so wirkte die Frisur wie aus einer Form gepresst, lauter kleine Wellen und Kringel rahmten das Gesicht ein und Mutti kam mir dann immer etwas fremd vor.

Die Puppe Manja und das Ende des „Sündenbüchleins“

Im Hort hatten wir eine Reihe von Erzieherinnen, die sich mit uns beschäftigten, allen voran natürlich Fräulein Manja, nach der ich ja in meiner kindlichen Begeisterung meine Lieblingspuppe benannt hatte.

Aber das Sündenbüchlein existierte nach wie vor und mein Temperament war nicht sanfter geworden. So gab es halt immer wieder etwas, was sie drin notierte.

Es war üblich, dass Geburtstage im Hort stets besonders gefeiert wurden. Trotz der Lebensmittelknappheit brachte es die Hortküche dennoch irgendwie fertig, das Geburtstagskind an seinem Ehrentag mit einer Torte zu überraschen, mit den Lichtlein drauf. Ich erinnere mich, dass wir von zu Hause ein Ei mitbringen mussten. Mit allerlei Spielen und Liedern liess man das Geburtstagskind hochleben. Es durfte sich für einmal im Mittelpunkt fühlen und die Aufmerksamkeit der anderen geniessen.

Ich weiss, wie ich mich bemühte, wenigstens an diesem Tag brav und sittsam zu sein. Doch es kam alles ganz anders. Als ich aus dem Waschraum heraus wollte – im Laufschritt natürlich – anders ging es trotz aller guten Vorsätze nicht – da prallte ich mit einem anderen Kind zusammen. Wir schlugen beide der Länge nach hin. Mir war nichts geschehen, aber das andere Mädchen blutete aus der Nase. Zornig rief Fräulein Manja: „Diesmal bekommst du aber deine Strafe!“

Den ganzen Nachmittag verspürte ich ein unbehagliches, dumpfes Gefühl. Es geschah aber nichts bis zum Abendessen. Wir hatten uns alle um den gedeckten Tisch versammelt. Nach dem Essen wurde eine Torte mit schneeweisser Zuckerglasur hereingetragen. Sieben Kerzen brannten darauf. Fräulein Manja sagte zu mir:

„Du warst heute so ungezogen, dass wir jetzt deine Torte unter den anderen Kindern aufteilen werden."

Dann schnitt sie für jedes Kind ein Stück ab. Das letzte winzige Restchen legte sie mir auf den Teller.

„Das kleinste Stückchen bekommt Helli, damit sie spürt, wie gut die Torte geschmeckt hätte", erklärte sie.

Ich fühlte alle Augen auf mich gerichtet, und unter den schadenfrohen Blicken der anderen würgte ich an dem Tortenstückchen herum und versuchte, die aufsteigenden Tränen hinunterzuschlucken. Es ging nicht um die Torte, denn ich machte mir ja nichts aus dem Essen, ich machte mir nicht einmal was aus Süssigkeiten und verschenkte sogar regelmässig meine Süssigkeitenration, die mir laut Lebensmittelkarte zustand. Es war die Demütigung und der Spott und die grenzenlose Enttäuschung über Fräulein Manja. Und selbstredend gab es an diesem Abend auch für mich keine Spiele, kein Lied und kein Lebehoch auf meinen Geburtstag.

Als ich an jenem trüben Novembertag traurig nach Hause schlich, war es ein Licht mehr, als die sieben Lichtlein rund um die Geburtstagstorte, das erloschen war. Dieses Licht hiess Fräulein Manja.

Zu Hause schloss mich Mutti in die Arme, wünschte mir Glück und führte mich an den liebevoll gedeckten Tisch. Da endlich, konnte ich wieder strahlen.

Wenn ich Jahre später an dieses Erlebnis zurückdachte, fühlte ich immer noch die gleiche Trauer und Enttäuschung. Kinderseelen sind empfindsam. An jenem Tag habe ich meine Puppe Manja umbenannt, ich glaube, sie hiess nun neu Christine. Und zu Fräulein Manja hatte ich von da an ein eher distanziertes Verhältnis. Ich weiss es heute noch nicht genau, was sich hinter den Kulissen abgespielt hatte. Aber das Sündenbüchlein wurde eines Tages ganz sang- und klanglos abgeschafft. Vielleicht war meine Mutter dahinter, der ich leid getan habe. Mag sein, dass sie diese Strafe zu hart, zu ungerecht, auf jeden Fall aber unpädagogisch gefunden hatte. Meine abgekühlte Begeisterung für die Erzieherin und die Umbenennung der Puppe hat ihr sicher einiges zu denken gegeben.

Rath-Tante und Rath-Onkel und das Leben in Wien in der Kriegszeit

In der Wohnung neben uns wohnte ein altes Ehepaar, das mich von Geburt auf kannte, ja sich auf meine Geburt mitgefreut hatte. Es waren Leopold und Maria Rath, die ich nie anders als Rath-Tante und Rath-Onkel nannte. Täglich verbrachte ich mehrere Stunden bei ihnen, denn sie hatten zu ihrem Kummer keine eigenen Enkelkinder, aber viel Geduld mit einem lebhaften und wissbegierigen Kind. Sie nahmen mich oft mit auf ihre Spaziergänge, die uns häufig nach Schönbrunn führten. Sie zeigten mir das Schloss und die Gloriette, erklärten mir, wer dort gewohnt hatte und machten mit mir Besuche im Schönbrunner Tiergarten. Sie führten mich zum Teich, in dem riesengrosse Karpfen schwammen und hielten mich an, die Hand auszustrecken, auf die sie mir ein paar Brotkrümel legten und auf die sich bald einer der zutraulichen Vögel setzte, um sie wegzupicken.

Rath-Onkel und Rath-Tante brachten etwas zuwege, was sonst niemandem gelang: bei ihnen ass ich sogar ab und zu ein Butterbrot und trank eine Tasse Tee. Vielleicht geschah das nur deshalb, weil sie möglichst wenig Worte um das Essen verloren. Und hatte ich einmal wirklich etwas angestellt, zum Beispiel mein Frühstücksbrot auf dem Tisch liegen gelassen, so vertuschten es die beiden Alten, so dass es meine Mutter nie erfuhr, denn es war ihnen ein wahres Gräuel, wenn ich bestraft wurde.

Überhaupt versuchten sie, mich vor allem zu beschützen, was mir ein Leid hätte antun können. Wenn Rath-Tante kochte, so stellte sie die Töpfe immer so auf den Herd, dass die Stiele nach hinten standen und Rath-Onkel hielt beide Hände um die Tischecken, damit ich mich nirgends anschlug wenn ich, selbst noch nicht höher als ein Tisch, wie ein Wirbelwind durch die Wohnung sauste.

Rath-Onkel trug sein weisses Haar in einem Bürstenschnitt und hatte, wie ehemals der deutsche Kaiser Wilhelm, einen Schnauzbart, den er sorgfältig aufzwirbelte und pflegte. Er war ein begabter Hobbymaler. Vorne, am Fenster, stand sein Arbeitstisch und er malte Blumen, Stilleben, Tiere und vieles andere mehr. Einmal, als ich schon zur Schule ging, erfüllte er mir meinen Wunsch und malte als Geschenk für meine Grossmutter ein Reh mit einem Rehkitz, und ich schrieb dann mit der gebührenden Sorgfalt und so schön ich konnte, darunter:

Für meine liebe Grossmutter von ihrer Enkelin Helli.

Er besass ein Buch mit den meisten einheimischen Blumen und Pflanzen, die ich mir bald alle auswendig merkte, als ich noch längst nicht lesen konnte. Was ein bittersüsser Nachtschatten und ein Leberblümchen, ein Wiesensalbei oder eine Margerite und ein scharfer Hahnenfuss war, konnte ich mühelos erkennen. Manchmal habe ich mich gefragt, wieso es kleinen Kindern möglich ist, sich solche Dinge und in dieser Menge so rasch zu merken. Meine Theorie ist die, dass die Speicherplätze in dem kleinen Gehirn alle noch frei sind. In späteren Jahren machte es mir doch viel mehr Mühe, eine solche Menge von Bildern und Namen, wie sie in dem Blumenbuch enthalten waren, im Gedächtnis zu behalten und ich hätte mir gern das Gehirn aus meiner frühen Kindheit zurück gewünscht.

Meine erste Bekanntschaft mit dem Radetzkymarsch machte ich ebenfalls durch Rath-Onkel, denn er sang, mit den Fingern dazu auf die Tischplatte trommelnd, immer seinen eigenen Text dazu, welcher hiess:

> „Wenn der Hund mit der Wurscht über´n Eckstein springt
> und der Storch in der Luft den Frosch verschlingt…“

Und in Wien pflegt man zu sagen, wenn man eine Sache umsonst, also für die Katz` gemacht hat: „Das war wieder einmal für den Radetzky."

Oder: Wer soll das machen? Glaubst du vielleicht, der Radetzky? Ein wichtiger Mann in Wien, dieser Radetzky und nicht nur wegen des Radetzky-Marsches. Gut, dass man ihn bei so vielen Gelegenheiten einsetzen konnte.

Diesen beiden alten Leuten verdanke ich es wahrscheinlich, dass ich über viele Dinge in der Schule später mehr wusste als andere Kinder, die keinen solchen wunderbaren Rath-Onkel, keine Rath-Tante hatten. Es gab keine Frage, die ich ihnen stellte, die sie mir nicht zu beantworten versuchten. Wenn Rath-Onkel auf den Spaziergängen im Herbst Laubblätter aufhob, um sie zum Malen mit nach Hause zu nehmen, dann erklärte er mir auch gleich noch, dass es Blätter von Eichen, von Buchen vom Ahorn oder von Ulmen waren, dass die Vögel, die in Schönbrunn zutraulich auf meine Hand flogen, Kohlmeisen oder Rotschwänzchen genannt wurden. Er erzählte mir, dass die Löwen und die Elefanten im Tierpark eigentlich aus Afrika stammten und dass es dort heiss und sandig ist und es keinen Schnee gibt, wie in Wien.

„Rath-Onkel, warum haben die kleinen Wildschweine weisse Pünktchen", fragte ich, wenn die beiden alten Leute mit mir im Lainzer Tiergarten spazieren gingen, wo wir mit etwas Glück diese Tiere in freier Wildbahn, also nicht hinter Käfigstäben beobachten konnten.

„Damit sie die Mutter leicht findet, und wenn sie gross sind, dann gehen diese Pünktchen weg", erklärte mir der Rath-Onkel.

„Würde mich der Löwe fressen, wenn er könnte?" wollte ich wissen.

„Ich weiss nicht, ob er dich fressen würde, du wärest ihm, glaube ich, zu dünn", lachte er, fügte aber hinzu, dass Löwen sogenannte Raubtiere seien, die alles fressen, was Fleisch ist.

„Rath-Onkel, warum hat der Eisbär ein weisses Fell und nicht ein braunes, wie der Braunbär? “, wollte ich wissen.

„Weil der Eisbär auf dem Eis lebt und weil man ihn dort nicht so gut sehen kann, als wenn er nicht weiss wäre.“

„Wo beginnt denn der Regenbogen? Und wohin geht er und warum kann ich den nicht jeden Tag sehen?“

Hundert Fragen und ebenso viele geduldige Antworten und immer so, dass ein Kind sie verstehen konnte.

Rath-Onkel erschien mir ein lebendiger Wissensspeicher zu sein, und alles, was er sagte, was er mir erklärte, war für mich fast wie ein Evangelium, ein Gesetz, an dem keiner rütteln durfte.

„Die Raben sind da!“ hiess es irgendwann im Oktober. Da kamen nämlich die Raben aus Russland angeflogen, wo sie von den Wienern wie jeden Herbst, schon erwartet wurden. Es wird erzählt, dass sie jeden Herbst bis nach Wien fliegen. Dort stolzieren sie gravitätisch in den Parks umher und lassen sich von den Spaziergängern füttern. Am Abend suchen sie sich ihre Schlafbäume am Stadtrand von Wien, zum Beispiel in Steinhof, wo sie zu Hunderten übernachten und ein fast gespenstisches Bild bieten. Wahrscheinlich hätten sie schon damals für Hitchcocks Film „Die Vögel“ eine gute Szene geboten. Als ich viele Jahre später einmal zur Herbstzeit wieder in Wien weilte, da waren die Raben soeben aus Russland eingetroffen. Obwohl es sich jedoch um Krähen handelt, werden sie von den Wienern allgemein als „Raben“ bezeichnet.

Rath-Tante und Rath-Onkel fuhren mit mir in der Strassenbahn nach Heiligenstadt und erzählten mir von dem berühmten Komponisten Ludwig van Beethoven. Sie gingen mit mir den Weg, am Bach entlang, den er auf seinen Spaziergängen zu gehen pflegte. Dort soll, wie ich Jahre später erfuhr, die „Szene am Bach“ aus seiner berühmten Pastoralsinfonie entstanden sein. Und sein erschütterndes „Heiligenstädter Testament“ hat er auch an diesem Ort geschrieben. Als wir später im Musikgeschichte-Unterricht davon hörten, waren dies für mich gute alte Bekannte.

Rath-Tante sagte, als sie ein Kind war, da erzählte ihr ihre Mutter, dass diese ebenfalls noch ein Kind, ganz erschrocken nach Hause gekommen war und wieder ihrer eigenen Mutter erzählte, sie habe einen Mann gesehen, der wild gestikulierend den Bach entlang gegangen war und laut vor sich hin gesungen hatte. Die Kinder hatten Angst vor diesem sonderbaren Spaziergänger, aber die Mutter hatte nur geantwortet: „Der tuat euch nix, dös ist nur a narrischer Musiker". Und dieser Musiker war kein anderer als Ludwig van Beethoven. Als ich das hörte, wünschte ich mir schon damals so etwas wie eine Zeitmaschine, mit der man in die Vergangenheit reisen kann, um all die Grossen und Berühmten zu sehen, mit ihnen zu sprechen. Ich hätte schon viel gegeben, hätte ich mit der Grossmutter von Rath-Tante sprechen können, damit sie mir noch mehr vom Leben damals erzählt hätte.

Sie gingen mit mir in die Kirche von Wien Lichtenthal, wo Franz Schubert seine Messen aufgeführt hatte, erzählten mir von dem armen Franzl, der so viele Lieder geschrieben, so herrliche Musik komponiert hatte und dennoch so arm gestorben war. Eines der Lieder sang meine Mutter oft und gern: „Am Brunnen vor dem Tore, da steht ein Lindenbaum."

Auch nach Klosterneuburg fuhren wir hinaus und die Rath-Tante erzählte mir von der Erzherzogin Elisabeth, die dort ihren Schleier verloren hatte und an dieser Stelle, wo er gefunden wurde, liess der Erzherzog Leopold das berühmte Kloster erbauen. Der Rath-Onkel zeigte mir die Weinberge rund um Wien und bedauerte es lebhaft, dass es jetzt, im Krieg, nur noch selten ein „Glaserl Wein" gab, das er so liebte. Wenn im Radio das Lied gesungen wurde:

„Wovon kann der Landser denn schon träumen?
Er träumt von seinem Mägdelein...“

da dichtete er es immer um:

„Wovon kann der Rath-Onkel denn träumen?
Er träumt von einem Glaserl Wein...“

Es gab noch eine zweite umgedichtete Strophe:

„Wovon kann die Rath-Tante denn träumen?
Sie träumt von einem Milchkaffee.

Solcherart waren also zu dieser Zeit die Träume.

Die Rath-Tante nahm mich manchmal mit ins Kino. Zu jener Zeit war Traudl Stark ein berühmter Kinderstar und auch Shirley Temple. Ich sehe sie heute noch in Grossaufnahme vor mir, wie sie mit ihren grossen Kulleraugen von der Leinwand herunterblickte und sagte: „Du meine Güte!“ Eines Tages war Shirley Temple verschwunden, was ich gar nicht verstehen wollte. Die Rath-Tante erklärte mir, dass sie in Deutschland nicht mehr gezeigt werden durfte. Als die Nazis anfingen, das Zepter zu schwingen, war sie als amerikanische Schauspielerin natürlich von der deutschen Leinwand verbannt. Also blieben noch Traudl Stark und andere Stars, wie Wolf Albach Retty, Magda Schneider und Paula Wessely, Paul und Attila Hörbiger, die beiden damals noch jungen Schauspieler Heinz Rühmann und Theo Lingen, die immer in sehr komischen Filmen mitspielten und natürlich der ewig nuschelnde Hans Moser.

Eine ganz beliebte Schauspielerin war – ich verstand zwar nicht, warum – Zarah Leander. Ich mochte sie nicht, denn es gefiel mir ganz und gar nicht, wie sie mit ihrer tiefen Stimme, die Konsonanten unnatürlich betonend sang:

„Ich weissss, es wirrrd einnnmalll einnn
Wunnnnderrr geschehnnnn unnnd die
Märrrchennn werrrdennn wahrrrr“

oder:

„Ichhh steh immm Regennn und warrrte
aufff dichhhh.“

Aber die Leute gingen gerne in Filme, in denen Zarah Leander mitspielte. Von mir aus hätte sie im Regen stehen bleiben können und auf mich hätte sie nicht zu warten brauchen, fand ich.

Bevor ein Film anfing, kam immer „Die deutsche Wochenschau.“ In dieser Wochenschau wurde stets grosse Propaganda gemacht, wenn die Deutschen eine Stadt oder einen wichtigen Ort erobert hatten. Trat das Umgekehrte ein, dann hiess es immer „es gelang dem Feind, die Stadt X anzugreifen.“ Oft sahen wir in der Wochenschau Kolonnen von Soldaten, die mit Gesang schneidig durch eine Stadt marschierten. Sie sangen, als wäre der Krieg das Schönste auf der Welt. Natürlich, die Soldaten kämpften ja für die Heimat, „für Führer, Volk und Vaterland“, wie es schön hiess und sie starben auch den Heldentod „für Führer, Volk und Vaterland.“

Auch in Wien marschierten die Soldaten singend durch die Stadt, und es waren sehr schöne Lieder, die wir nach dem Krieg kaum je wieder hörten, weil sie eben von deutschen Soldaten während des Krieges gesungen worden waren. Schade! – Einige von ihnen hatten so gar keinen kriegerischen Charakter und man könnte sie ruhig wieder singen, z.B.

Auf der Heide blüht ein kleines Blümelein
und das heisst: Erika.

oder

„Oh, du schöner Westerwald
über deinen Höhen pfeift der Wind so kalt“

oder:

„Wenn die Soldaten durch die Stadt marschieren
öffnen die Mädchen die Fenster und die Türen...“

Die Rath-Tante war ausserdem unbezahlbar, denn sie kam am Morgen oft in unsere Wohnung und schaute sicherheitshalber nach, ob das Kind pünktlich zur Schule ging. Denn trotz der beiden gestellten Weckeruhren hat das nicht immer so gut geklappt, und oftmals rannte ich erst im allerletzten Augenblick weg, kam in der Schule an, wenn die Glocke zum Unterrichtsbeginn schon geläutet hatte und hatte womöglich in der Eile wieder irgendwas zu Hause vergessen. Dann sagte die Lehrerin: „Aha, da kommt Helli Angermann, wie der fliegende Holländer, und wieder in der allerletzten Minute!“

Musste Mutti nur für einen Tag weg, das kam manchmal vor, so sprang Rath-Tante ein. Geschah es aber, dass sie für ein paar Tage verreisen musste, dann durfte ich zu Elfi Brenner, meiner besten Freundin, und das war jedes Mal eine freudige Abwechslung, die mich meine Mutter weniger vermissen liess.

Einmal fuhr sie zu Verwandten nach Oberösterreich. Seit dem Anschluss an Deutschland gab es diesen Namen zwar nicht mehr, es gab ja nicht einmal mehr Österreich. Unser Land gehörte zu Deutschland und hiess jetzt Ostmark. Und die beiden ehemaligen Bundesländer Oberösterreich und Niederösterreich hiessen Oberdonau und Niederdonau. Also nach Oberdonau fuhr sie, wo ihr Onkel ein kleines Bauernhaus besass, auf dem es auch schon einen jungen Bauern und eine Bäuerin gab, Onkel Franzl und Tante Nanni.

Die Reise war lang und beschwerlich, und vom Bahnhof musste Mutti über eine Stunde weit gehen – und auch ihren Koffer tragen. Aber damals machte niemand ein Aufhebens von einer solchen Sache. Es ging doch allen gleich. Ein Auto fuhr höchstens der Arzt – und manche Ärzte fuhren zu dieser Zeit sogar noch mit Pferd und Wagen zu ihren Patienten, und vielleicht der Tierarzt besass ein Auto, sonst niemand. Auch ein Telefon besass kaum jemand. In dringenden Fällen mussten die Leute zur Post, wo die Postbeamtin eine Verbindung herstellen konnte, indem sie eifrig an einer Kurbel drehte und nach vielem Drehen und Drücken von Tasten endlich glücklich eine Verbindung zustande kam. So konnte man seine Angehörigen nicht anrufen und fragen, ob sie zum Abholen an den Bahnhof kommen würden.

Überhaupt war es gar nicht üblich, sich zu einem Besuch anzumelden. Man kam einfach und nahm vorlieb mit der Zeit, die einem gewidmet wurde. Wenn es nötig war, so griff der Besuch bei der Arbeit zu, war es nun im Haus, in der Küche, im Stall, auf dem Feld. Einer musste dem anderen helfen, das war so selbstverständlich, dass niemand ein Wort darüber verlor. Leute, die nur kamen, um die Gastfreundschaft zu geniessen und bei der Arbeit nicht zugreifen wollten, waren daher nicht besonders gern gesehen.

Ich glaube, Mutti hat den Verwandten ein paar Sachen gebracht, die sie ihnen genäht hatte oder sie fuhr hin, um ihnen etwas zu schneidern, und dafür haben sie ihr Mehl, Butter und Eier und Speck mitgegeben. Diese Dinge waren ja viel mehr wert als Geld, für das ja doch niemand etwas Essbares kaufen konnte. Schwer bepackt trat sie den Heimweg an und kam mit den vielen guten Sachen zurück nach Wien. Unsere Ernährung war für einige Zeit wieder sicher gestellt.

Als sie daheim den Koffer öffnete, da lag eine grosse Runkelrübe drin, mindestens 1 Kilo schwer, wenn nicht noch schwerer. Jetzt wusste sie, warum alle so verschmitzt gegrinst und sich angestossen hatten, als sie ihren Koffer aufnahm, um ihn wieder eine Stunde weit zur Bahnstation zu tragen. Sie hatten ihr die Runkelrübe in den Koffer geschmuggelt.

„Oh, dieses Gesindel!", rief sie aus „aber denen werde ich es heimzahlen!" Sie schnitzte der Rübe ein komisches Gesicht, konstruierte aus ein paar Holzstäbchen einen Körper und nähte aus alten Sachen ein Kleid, das sie der Puppe anzog. Dann setzte sie sich hin und schrieb ein langes humoristisches Gedicht, das sie der Puppe an einer Schnur um den Hals hängte. Darauf wurde „Frau Rübe" , wie sie die Puppe nannte, in Seidenpapier eingewickelt, in eine Schachtel gepackt und trat die Reise in umgekehrter Richtung, nach Oberdonau an. Dass unsere Verwandten das Paket von der Post abholen mussten, ebenfalls eine Stunde weit, wusste Mutti und freute sich im Stillen über den lustigen aber wirksamen Racheakt. Dass sie in all den schweren und entbehrungsreichen Jahren nie verzweifelt ist, verdankte sie zum grossen Teil ihrem angeborenen Sinn für Humor und ihrem Mutterwitz, von dem sie eine ganze Menge besass und von dem noch die Rede sein wird.

Aber ungefähr um diese Zeit, als ich gerade in die zweite Klasse ging, machte meine Mutter öfter einen erschöpften und traurigen Eindruck. Ja, sie musste täglich schwere Lasten tragen, viele Pakete und Briefe in ihrem Rayon verteilen und sich bei Fliegeralarm in einen fremden Keller flüchten, ohne genau zu wissen, was in der Zwischenzeit mit ihrem Kind geschah. Immer häufiger musste sie traurige Nachrichten überbringen, von Männern, Söhnen, Brüdern, Verlobten, die „den Heldentod für Führer, Volk und Vaterland“ gestorben waren. Aber sie war nicht einfach nur die Briefträgerin. Sie freute sich mit den Leuten oder litt mit ihnen, tröstete, verband Wunden, half, wenn es nötig war in ihrer praktischen Art und wurde von manchen wie ein Familienmitglied behandelt, ja sehr häufig sogar zum Setzen und Kaffeetrinken aufgefordert.

Über ein ganz besonderes eigenes Erlebnis erzählte sie einmal, das einen Beweis ihrer Fähigkeit, mit Schwierigkeiten fertig zu werden, lieferte. Sie trug schon in jüngeren Jahren eine Zahnprothese und war für einen Besuch beim Zahnarzt angemeldet, um eine neue, die die alte ersetzen sollte, zu bekommen. Da brach ihr in den frühen Morgenstunden, als sie zum Dienst wollte, die Prothese einfach entzwei. Was tun? In der Gasflamme machte sie eine Nadel glühend, mit der sie Löcher in die defekte Prothese stach und einen Faden durchführte, um die beiden Teile zu verbinden. Denn ohne ihren Zahnersatz hätte sie kaum das Haus verlassen und schon gar nicht zum Dienst erscheinen können. Beim Zahnarzt wurde sie hernach, weil sie in Postuniform erschienen war, bevorzugt vorgelassen, noch ehe es ihr gelang, das Ding schnell aus dem Mund zu nehmen. Der Zahnarzt besah es sich und rief alle seine Kollegen zusammen mit den Worten: „.Wir sind allesamt Patzer und Nichtskönner!

Kommt und seht euch an, was diese Frau kann.“ Meine Mutter hatte sich ein weiteres Mal zu helfen gewusst und dazu noch für Heiterkeit gesorgt.

Im Amt wählten die Mitarbeiterinnen meine Mutter zur Frauenwalterin. Sie kümmerte sich um die Anliegen ihrer Kolleginnen, trug diese bei den Vorgesetzten vor, bat für sie um Hilfe und organisierte alle möglichen Anlässe. Diese Funktion wurde ihr später zum Verhängnis. Man konnte nicht gut im Staatsdienst, also bei der Post arbeiten, ohne Parteimitglied zu sein. Sie war also Mitglied der NSDAP, aber sie hat sich politisch nie betätigt, ausser eben in ihrer Eigenschaft als Frauenwalterin. Nach dem Krieg aber hat man ihr diese Mitgliedschaft angekreidet und sie musste sich allerlei Repressalien gefallen lassen.

Die Arbeit bei der Post hat ihr zwar gefallen, aber sie ging manchmal fast über die Kräfte dieser eher zarten Frau, die nur recht und schlecht von der schmalen Lebensmittelration satt wurde. Einmal kam sie nach Hause und erzählte, eine Kollegin im Amt sei dabei erwischt worden, als sie ein Paket gestohlen hatte, in welchem sie Lebensmittel vermutete. Auf Postdiebstahl stand die Todesstrafe. Zur Abschreckung mussten alle Angestellten an der Gerichtsverhandlung teilnehmen, an der das Todesurteil verkündet wurde. Ich habe dies in ihren Erzählungen bei Tante Lisa mitbekommen und war traurig und bedrückt. Alles, was mit Tod zu tun hatte, machte mir Angst. Ob dieses Urteil auch vollstreckt wurde, habe ich nie erfahren.

In dem grossen Haus mit dreissig Parteien kam es schon mal vor, dass jemand im Sarg hinausgetragen wurde. So geschah es auch eines Tages mit der Frau Bertel, dem „Grindschaber“. Meine Mutter kommentierte ihren Tod so: „Möge der Grindschaber in Frieden ruhen, aber es muss sicher einer kommen, der ihre Wohnung ausspritzt.“ „Ausspritzen“ stand für Desinfizieren und das war bei der Wohnung der Frau Bertel, die nur aus einem einzigen Zimmer mit einer Kochnische bestand und lediglich ein Fenster zum Gang hatte, sicher nötig.

Einmal hatte sich ein paar Wohnungstüren weiter die alte Frau Strihavka, die mit dem Tod ihres Mannes nicht zurecht gekommen war, umgebracht, indem sie das Gas aufgedreht hatte. Als man den Gasgeruch im Stockwerk bemerkte, band sich meine Mutter ein Tuch vor Mund und Nase, schlug das Gangfenster zur Wohnung ein und schleppte die Frau heraus. Aber es war schon zu spät.

In jener Nacht war ich ein paarmal aus dem Schlaf aufgeschreckt, denn diese Geschichte hatte ich mitbekommen und sie hatte mich bis in den Traum verfolgt.

In letzter Zeit war meine Mutter oft besonders niedergedrückt. Ich meinte sogar, dass ich sie mit verweinten Augen gesehen hatte. Aber was geschehen war, wollte ich nicht fragen, denn ich spürte, dass sie es mir nicht sagen würde.

Von Papa wussten wir seit längerer Zeit nichts, er war schon lange nicht mehr auf Urlaub hier. Sie sagten mir, er sei in Polen oder Russland und dann eines Tages hiess es plötzlich, er sei vermisst. Vermisst? Was sollte das heissen? Nun, so erklärte man mir, man wisse nicht, wo er sei. Aber vermisst wurden damals viele Männer, die irgendwo an der Front standen. Das letzte Mal, als Papa hier war, hatte Mutti von ihm in der Soldatenuniform und mir als Schulanfängerin ein Foto gemacht, das eingerahmt auf dem Spiegelkasten stand. Mit grosser Tapferkeit hat meine Mutter lange geschwiegen und mir erst viel später erzählt, dass sie die Nachricht von Papas Tod bekommen hatte, mich aber nicht damit belasten wollte …

Die Luftangriffe auf Wien wurden täglich schlimmer. Die Flieger kamen nun auch nachts, und wir sassen wieder mit Mundschutz und Staubbrille im Keller, jeden Moment gefasst darauf, dass eine Bombe das Haus treffen könnte. In den Wohnungen mussten die Leute ihre Räume verdunkeln. Auch wir hatten Rollos aus schwarzem Papier, die wir am Abend herunterzogen, bevor wir das Licht einschalteten. Auf den Strassen herrschte in den Abendstunden gespenstische Dunkelheit. Wer nicht verdunkelte, musste mit empfindlichen Strafen rechnen. Wir wohnten zudem nicht weit weg vom Westbahnhof, und Bahnhöfe waren ein strategisches Ziel der feindlichen Bomber. Nach der Entwarnung, wenn wir glücklich wieder an die Oberfläche kamen, lagen im Hof und auf der Strasse Flak-Splitter und einmal musste ich mitansehen, wie sie einige Strassen weiter von uns bei einem zerbombten Haus die Toten wie Kartoffelsäcke auf Lastwagen luden, und abtransportierten.

Das Gas, welches während des Alarms vom Gaswerk abgesperrt wurde, wurde eingeschaltet, sofern nicht eine Bombe einen Gasometer getroffen hatte. Das Essen, welches in den Vormittagsstunden auf dem Herd gestanden hatte, war kalt geworden, und so gab es – wenn überhaupt – erst in den frühen Nachmittagsstunden etwas zu essen.

Mutti vermied es, ihren „schwarzen Kuchen“ zu backen, denn es passierte ihr einmal, dass er während des Fliegeralarms, als er im Backrohr war, hinterher ungeniessbar war. Sie trocknete ihn, rieb ihn zu Bröseln und tat ihn das nächste Mal in den Teig. Niemand hatte etwas zum Wegwerfen.

Ein berühmtes Abschiedswort hiess damals: „Also, auf Wiedersehen bis morgen, wenn wir dann noch leben.“

Ein grosses Aufatmen ging durch die Reihen, wenn tatsächlich nach so einem furchtbaren Angriff noch alle lebten, die wir kannten und liebten.

Aber auch die Nachrichten über die Schäden, die der Bombenangriff angerichtet hatte, machten die Runde. „Das ´Ronacher`, ein bekanntes Wiener Theater hat einen Treffer bekommen“, hiess es. Es war ein Wunder, dass unsere Schule bis dahin noch nie angegriffen worden war, denn die Bomben fielen nicht nur auf Fabriken, Rüstungsanlagen, Zeitungsredaktionen, sie fielen auch auf Wohnhäuser, Krankenhäuser, Schulen und Kindergärten.

Eine feindliche Bombe zerstörte unseren schönen Stephansdom. Die berühmte grosse Glocke, die Pummerin krachte aus dem brennenden Dachstuhl herunter und zerbarst in viele Stücke und die Staatsoper, dieses Prunkstück der Wiener hat vier Tage lang gebrannt, das Burgtheater lag in Schutt und Asche. Tante Lisa erzählte mir Jahre nachher, viele Wiener hätten den Kopf weggedreht, wenn sie am Stephansdom und an der Oper vorbei gegangen seien und sie hätten geweint, denn sie hätten den Anblick nicht ertragen können.

„So eine Gemeinheit! Was hat den Engländern und Amerikanern unser Stephansdom getan? Was die Staatsoper? Kulturschänder sind das! Aber selber haben sie wahrscheinlich gar keine Kultur!" schimpften die Wiener, für die die Staatsoper nichts Elitäres, sondern Allgemeingut ist und man sich über die aktuelle Besetzung der Rollen sogar mit dem Strassenbahnschaffner oder der Milchfrau unterhalten kann.

Übrigens haben alle Bundesländer Österreichs in den Fünfziger Jahren mitgeholfen, den Wiener Stephansdom wieder aufzubauen und die Schäden zu beseitigen. Jedes Bundesland hat seinen Beitrag geleistet. Von Oberösterreich kam aus der Glockengiesserei St. Florian bei Linz die neue Pummerin, die in einem feierlichen Zug mit geschmücktem Pferdegespann nach Wien geführt wurde. Aber bis alles wieder instand gesetzt war, sind noch mehrere Jahre vergangen.

In den Parkanlagen, in denen wir früher so oft spazieren gegangen waren, hatten sie Splittergräben ausgehoben. Dorthin konnten sich Passanten flüchten, wenn sie von einem Alarm überrascht wurden. Ein solcher Splittergraben befand sich auch im Märzpark. Er hiess Märzpark, weil dort Menschen begraben lagen, die im Märzaufstand des Jahres 1848 ums Leben gekommen waren. Der Märzpark war wieder ein ehemaliger Friedhof. Als nun die Splittergräben ausgehoben wurden, kamen die Knochen der Verstorbenen zum Vorschein. Gruselig war es schon, wenn wir plötzlich auf ein Gebiss stiessen oder auf andere Knochen, die an den Wänden der Gräben in der Erde steckten, und jeder war froh, wenn er sich bei Fliegeralarm nicht dorthin flüchten musste.

Vor den Lebensmittelgeschäften standen von den frühen Morgenstunden an die Menschen Schlange, um etwas zu ergattern, das die hungrigen Mägen füllte. In den Zeitungen fanden wir Sparrezepte, so zum Beispiel eines, wie sich aus Rüben eine einigermassen schmackhafte Mahlzeit herstellen liess. Auf den Gängen in den Wohnhäusern tauschten die Frauen ihre Erfahrungen und Rezepte aus, und manche versuchten, die Fleischmarken gegen Brotmarken einzutauschen. Ohne Fleisch konnte man notfalls leben, Brot war wichtiger.

Wohl dem, der nicht rauchte: Die Raucherkarte war nämlich ein sehr gutes Tauschmittel. Damit liessen sich Lebensmittel eintauschen, aber auch Dienstleistungen, die sonst kaum zu bekommen waren.

So komisch es klingt, aber korpulente Leute waren zu dieser Zeit regelrecht unbeliebt. Trotz der Lebensmittelknappheit hatten sie ja von der Natur ihre Statur mitbekommen. Misstrauisch wurde ein solcher Zeitgenosse beäugt, denn so mancher vermutete bei ihm eine geheim gehaltene Nahrungsquelle. Wenn sich jemand über so einen Korpulenten ärgerte, so bekam dieser schon mal zu hören: „Sie, san S‘ ruhig, Sie aus‘gfressener Lackl!“

Es wurde tatsächlich immer schlimmer. Die Schule war geschlossen, weil das Klassenzimmer wegen eines Scharlachfalles desinfiziert werden musste. Scharlach und Diphterie waren zu dieser Zeit sehr gefürchtete Krankheiten unter den Kindern, und jedes Mal, wenn ein solcher Fall auftrat, schickten die Lehrkräfte die Schüler nach Hause, es hiess immer: „Das Klassenzimmer wird ausgespritzt.“

Die Versorgung mit Lebensmitteln verschlechterte sich so, dass sogar Herr Wilcek, unser Gemüsemann am Markt, begann, die Kartoffeln auseinander zu schneiden. Pro Erwachsenen gab es einen Achtel Magermilch und ich, als Kind, bekam pro Tag immerhin einen Viertelliter Vollmilch.

„Es geht nicht mehr, Helli, ich bringe dich zu den Grosseltern nach Oberdonau, denn dort bist du sicher“, sagte Mutti. Ich wollte nicht, sträubte mich mit Händen und Füssen.

„Frau Angermann, schicken Sie das Kind aufs Land, es wird hier immer gefährlicher“, sagten jetzt auch der Rath-Onkel und die Rath-Tante. Und ausgerechnet die beiden würde ich neben meiner Mutter am meisten vermissen. Zurück mussten auch meine Klassenkameradinnen bleiben, meine Freundin Elfi Brenner, Fräulein Bittmann, meine Zitherlehrerin und noch viele andere.

Die Trennung, so hart sie war, sie musste sein. Am härtesten war sie, weil ich ja wirklich nicht wusste, ob ich einen von ihnen je wiedersehen würde. War es eine Trennung auf Zeit oder eine für immer? Wer wusste das?

So packte Mutti meine Siebensachen, die Zither, meine Puppen und machte sich mit mir auf die Reise nach Oberdonau.

Wieder Leben auf dem Land

Nun war ich also bei den Grosseltern, bei Tante Rosi und Herbert und damit in Sicherheit. So wie an jenem Tag, als die Ederin hereinrief: „Anflug auf Kärnten, Steiermark“, als Tante Rosi gerade den beiden Kühen im Stall das Futter vorgab, den Rosenkranz um ihre Hände gewunden. So tat sie es oftmals, und am Abend, bevor wir ins Bett gingen und gemeinsam in der Stube vor dem Herrgottswinkel das Abendgebet beteten, fügten wir immer noch an: „Lieber Gott, beschütze sie, damit ihnen nichts geschieht.“

Wenn ich abends im Bett lag, dann dachte ich oft an Schwester Benedicta und Kaplan Holzmann. Was hatten sie uns immer erzählt? Vom lieben Gott, der alles sieht, auch einen schwarzen Fleck auf unserer Seele, wenn wir unsere kleinen Sünden begingen. Der liebe Gott, der das Gute belohnt und das Böse bestraft. Sie hatten erzählt von den Engeln, die auf einmal böse wurden und die der liebe Gott in die Hölle hinab gestossen hat. Mein kleiner Kinderverstand fragte, wie es denn möglich sein konnte, dass der liebe Gott, der ja alles erschaffen hatte, es zuliess, dass die Engel böse wurden. Er hätte, da er ja allmächtig und allwissend war, wissen müssen, dass sie böse werden und er hätte das doch leicht verhindern können, ja er hätte es sogar unbedingt verhindern müssen. Jetzt sassen diese bösen Engel in der Hölle und machten, dass so ein schrecklicher Krieg mit Bomben, Zerstörung und so vielen Toten überhaupt möglich war. Warum liess der liebe Gott so etwas zu? Ein Gott, der allmächtig ist und nur das Gute will, kann doch nicht so etwas Böses wie den Krieg zulassen.

Aber wie ich auch hin- und her überlegte, ich kam zu keinem rechten Schluss, und irgendwann übermannte mich die Müdigkeit und der Schlaf.

Meine Grosseltern waren sogenannte Teilselbstversorger. Das hiess, sie konnten einen Teil der Lebensmittel selbst produzieren. Es gab Milch, Eier, Fleisch in einem bestimmten Mass. Dafür wurde ihnen von der Lebensmittelkarte ein Teil der Bezüge gestrichen. Die Grossbauern als Selbstversorger, bekamen nur eine sehr reduzierte Lebensmittelkarte, nämlich auf Produkte, die sie selbst nicht herstellen konnten, wie Zucker, Ersatzkaffee und einige andere Artikel. Einzig und allein die Normalverbraucher erhielten die volle Ration und die war schmal genug.

Wer ein Schwein schlachten wollte, musste dies anmelden, und dafür wurden dann die Fleischmarken gekürzt. Es war strengstens verboten, schwarz ein Schwein oder ein Kalb zu schlachten. Es stand sogar die Todesstrafe drauf, sagte man. Ich weiss nicht, ob es wirklich stimmte, aber damals stand auf vielen Vergehen sofort die Todesstrafe. Dennoch riskierten es manche, aber es musste ganz im Geheimen geschehen. Auch in unserem Haus wurde einmal ein Schwein schwarz geschlachtet. Das besorgte Onkel Sepp, der Bruder von Tante Rosi und Mutti. Das Schwein wurde im Keller ausgeweidet und zerteilt, eingepökelt, ein Teil davon geräuchert. Auch die Blutwürste mussten wir im Keller herstellen. Und einer von der Familie musste an der Haustür wachen, damit niemand überraschend das Haus betreten konnte.

Sie schickten Herbert vor die Haustür. Dort musste er die Brenner der Karbidlampen mit einem Draht putzen und so tun, als sei er sehr beschäftigt. Die Karbidlampen brauchten die Bergleute, und wir hatten noch ein paar von früher, als Grossvater noch in der Zeche gearbeitet hatte. So eine Karbidlampe gab etwa die Helligkeit von einer Kerze ab und verbreitete einen merkwürdigen typischen Geruch.

Den Speck schnitten wir in kleine Würfel und brieten ihn zu Grammeln aus. Das war schon wieder gefährlich, weil es in der Küche geschehen musste. Und dass es bei uns Grammelknödeln gegeben hatte, durften wir selbstverständlich niemandem erzählen.

„Macht die Haustür zu, damit nicht vielleicht einer hier hereinschneit“, sagte Tante Rosi, als ein Braten auf dem Tisch stand „und erzählt ja niemandem etwas davon, was wir heute gegessen haben,“ schärfte sie uns ein.

Einmal hatten wir vergessen abzuschliessen. Als wir hörten, dass draussen die Haustür ging, räumten wir blitzartig die Teller und Schüsseln in die Küche, so dass nur noch die Kartoffeln und die Salatschüssel auf dem Tisch standen.

Herein kam die Schmiedleitnerin, sie schnupperte und wunderte sich: „Bei euch riecht es aber gut, was hat es denn Gutes gegeben?“ Tante Rosi wurde blass und sagte schnell: „Wir haben von meinem Bruder ein Stück Schweinsbraten bekommen, den mussten wir essen, sonst wäre er schlecht geworden.“

Ob die Schmiedleitnerin das geglaubt hat, ob sie uns verraten hätte oder nicht, das wussten wir nicht. Aber es hätte schon sein können, denn sie gehörten zu den Normalverbrauchern, ihr Mann war Eisenbahner und sie hatten keine Verwandten, die ihnen etwas hätten zustecken können.

Wenn ein Tier in unserem Haus geschlachtet wurde, auch wenn dies nach vorheriger Anmeldung an die Behörde geschah, so verliess ich das Haus und kam erst wieder zum Vorschein, wenn alles vorbei war. Ich konnte es nicht ertragen, wenn ein Tier sterben musste. Einmal, als Herbert und ich beim Moosbichler Bauern dazu kamen, als die Moosbichlerin gerade einem Huhn den Kopf abschlug, da rannte ich schreiend davon und liess mich lange nicht mehr beruhigen. Und ich kann bis heute nicht verstehen, dass es immer heisst, der Bauer liebt seine Tiere. Wie kann er sie dann töten, wenn er sie doch jeden Tag füttert, streichelt, mit ihnen spricht und sie angeblich liebt? Schon als Kind fühlte ich diesen Widerspruch. Niemals hätte ich deshalb eine Bäuerin werden können.

Ganz abgesehen davon, ass ich ohnehin nur sehr ungern Fleisch und konnte gar nicht verstehen, warum es so eine Tragödie sein sollte, wenn ein sonntäglicher Braten eventuell ausfiel, nur weil es zu wenig Fleisch gab.

Bei meinen Grosseltern kam dann und wann ein Kälbchen zur Welt. Ich habe mehrmals die Geburt miterlebt, Wenn das Kalb die Füsse aus dem Leib der Mutter streckte, legten sie Bänder an und zogen es mit vereinten Kräften heraus. Wenn es trocken war und sich bemühte, auf seinen vorerst wackeligen Beinen zu stehen und das erste Mal die Zitzen der Kuh suchte, um zu trinken, erschien mir das immer wie ein Wunder.

Die Kuh trug noch stundenlang den Sack, die Nachgeburt, in dem sich das Kalb befunden hatte, und die Erwachsenen beobachteten genau, wie lange es dauerte bis „sie sich schön gemacht" hatte, wie sie das nannten, bis diese Nachgeburt verschwunden war.

Aber einmal kam der Tag, da holte der Viehhändler das Kalb, und Lona, die Kuh drehte sich tagelang um und schrie nach ihrem Kind, das sie ihr weggenommen hatten. Das schnitt mir tief ins Herz, denn Lona war doch auch eine Mutter!

Da war noch die Geschichte mit den Katzen. Katzen liebte ich überaus. „Mutzi, Mutzi, Mutzi", pflegte die Grossmutter die schöne dreifarbige Katze zu locken, wenn sie ihr etwas Besonderes auf den Teller legte. Mutzi war intelligent, wie die meisten Katzen. Sie fand sich immer im Kuhstall ein, wenn Stallzeit war und gemolken wurde. Sie wusste ganz genau, dass es dann sofort ein Schüsselchen Milch gab, das sie gierig mit ihrer rauen Zunge aufschlabberte. Dann legte sie sich in der Stube aufs Sofa, um sich lange und ausgiebig zu waschen und den verdienten Schlaf zu geniessen. Das war das Einzige, was mich an der Katze störte: dass sie stundenlang schlafen konnte und dass sie erst abends, wenn wir ins Bett mussten, wieder munter wurde.

Ein paarmal im Jahr bekam Mutzi Junge. Das nächtliche Liebesgeschrei der Katzen im Frühling und Herbst gehörte zu den üblichen Geräuschen, wie das laute Gequake der Frösche im nahen Teich und das frühmorgendliche Krähen der Hähne auf den umliegenden Höfen.

Wenn Mutzi Junge hatte, so versteckte sie sie oben im Heu, denn sie wusste, wenn man sie fand, so würde man ihr ein paar davon wegnehmen. Ich wusste das auch und betete heimlich: „Hilf, lieber Gott, dass sie sie nicht finden. Ich möchte nicht, dass die Kätzchen getötet werden." Aber es nützte nichts, eines oder zwei ihrer Kinder durfte Mutzi behalten, die anderen wurden kurz und schmerzlos getötet – wenn ich nicht zu Hause war. Kätzchen, die im Herbst zur Welt kamen, wurden grundsätzlich getötet, denn Herbstkatzen, so sagte man, taugen nichts.

Wir hatten immer zwei oder drei Katzen. Sie waren wichtig, schon wegen der Mäuse. Einmal hatte die Grossmutter vergessen, einen Topf Rahm zuzudecken und am anderen Morgen darin eine tote Maus gefunden. Ich weiss nicht mehr, was sie mit diesem Rahm gemacht hat, wahrscheinlich ist er im Schweinefutter gelandet, denn Butter haben wir ganz sicher nicht daraus gemacht und dass sie ihn in die Kanne für die Rahmlieferung an die Molkerei getan hat, das traute ich ihr wirklich nicht zu.

Wenn Mutzi Junge hatte und diese auf ihre ersten Entdeckungsreisen gingen, so liess sie sie immer ein Stück weit mitlaufen, dann drehte sie sich um, versetzte jedem Kätzchen einen Hieb mit der Tatze. Dies war das Zeichen, dass sie umkehren und zu Hause bleiben mussten.

Vermutete meine Grossmutter in einem Zimmer eine Maus, so sperrte sie Mutzi ein paar Stunden drin ein. Zuverlässig präsentierte Mutzi die gefangene Maus und bekam neben vielen lobenden Worten eine Extraportion Milch. Die Leute lachten manchmal und sagten: „Aha, dort geht die alte Zeinerin mit ihrem Hund", denn Mutzi folgte ihr, wenn sie aufs Feld hinaus ging, tatsächlich wie ein Hund auf Schritt und Tritt.

Die Grossmutter war für die Fütterung der Schweine und der Hühner zuständig. „Bibibibie", rief sie und die Hühner kamen sofort herbei und frassen gierig die Maiskörner, die sie ausstreute. Wenn sie den Schweinen das Futter vorbereitete, schnitt sie faulige Stellen von den Kartoffeln stets aus. Sie war keineswegs der Ansicht, dass Schweine alles fressen können, ohne Schaden zu nehmen. „Dann weiss man nicht, wovon sie krank werden" sagte sie.

Gegenüber vom Haus meiner Grosseltern standen auf einem Hang zwei grosse Kirschbäume mit vielen süssen schwarzen Kirschen. Aber kaum wurden die Kirschen reif, so kamen die Stare und taten sich daran gütlich. Es war fast vergebliche Liebesmühe, sie zu verjagen.

Eines Tages sagte der Grossvater:

„Na wartet nur, ihr Starln, euch werd' ich helfen!"

Dann band er eine alte Glocke an einen Ast des Kirschbaums und befestigte daran ein langes Seil.

Dieses wieder band er am Zaun des Gemüsegartens fest.

„Herbert, zieh wieder einmal am Seil, sonst fressen die Starln alle Kirschen", hiess es dann.

Uns Kindern machte es Spass, wenn wir sahen, dass die Stare erschrocken Reissaus nahmen.

Waren die Kirschen reif, stieg Herbert auf den Baum, kletterte wie eine Katze auf die Äste hinaus und pflückte die Kirschen. Und Tante Rosi stand unten und rief ein ums andere Mal: „Herbert, pass auf, dass du nicht daneben steigst!"

Ich wäre auch gerne hinaufgeklettert, aber sie haben es mir verboten. „Das ist nichts für Mädchen!" Und Tante Rosi hätte es sich nicht verziehen, wenn mir was geschehen wäre.

Zu den Geräuschen auf dem Dorf gehörte nicht nur das Muhen der Kühe, das Mäh der Schafe und das Krähen der Hähne.

Im Obstgarten tummelten sich viele verschiedene Vögel. Einen davon nannte Tante Rosi den Giessvogel. Wenn der seine Stimme erhob, dann sagte sie: „Es kommt Regen, der Giessvogel schreit."

Bei diesem Vogel handelte es sich um den Grünspecht, wie ich ihn in einem Vogelbuch ganz richtig identifizieren konnte. Tante Rosi hatte stets Recht. Der „Giessvogel" kündigte meist zuverlässig Regen an.

Tante Rosi war ledig geblieben. Herbert war ihr Sohn, aber der Vater des Kindes hat sie nicht geheiratet, war in eine weit entfernte Gegend gezogen und hat sich um seinen Nachwuchs nie gekümmert. Ob er Alimente gezahlt hat oder nicht, weiss ich auch nicht. Meine Mutter erzählte mir viel später, dass das damals ein richtiges Drama im Dorf war, als ruchbar wurde, dass die Zeiner Rosi ein Kind bekommt.

„Ein uneheliches Kind, was für eine Schande! Und dass das gerade der Zeiner Rosi passieren musste!" Sie war so ein schüchternes Mädchen, aber eben gerade deswegen! Unaufgeklärt und unwissend ist sie in die Falle getappt. Und dann ist es eben geschehen.

Sosehr sie sich auch die Mäuler zerrissen im Dorf, es passierte schnell wieder was anderes, das Gesprächsstoff lieferte. Es dauerte nur so lange, bis das Kind auf der Welt war. Der herzige Bub wurde in die Familie aufgenommen, und der alte Zeiner, mein Grossvater, hatte die grösste Freude an seinem Enkelkind, schleppte es überallhin mit, spielte mit ihm, sang ihm Kinderlieder vor, brachte ihm Verslein bei und nannte ihn liebevoll immer noch „Maikäfer", als er schon längst zur Schule ging. Kurz, man sorgte für den Buben und zog ihn halt gemeinsam gross, und der Herbert gehörte wie alle anderen Kinder einfach dazu.

„Hast du nichts zu tun? Kannst du nicht ein wenig an deinen Socken stricken?“ fragte Tante Rosi, wenn ich irgendwo herumhängte und nicht wusste, was anfangen. Wir Kinder hatten zu Hause unsere kleinen Pflichten und Ämter: Da hiess es: am Brunnen Wasser pumpen, das Wasserschiff am Ofen anfüllen, Holz hereintragen, Hasenfutter pflücken, vorsichtig den Zylinder der Petroleumlampe putzen oder den Brenner der Karbidlampe, die Milchzentrifuge zusammenstellen, das Geschirr abwaschen und abtrocknen, den Tisch decken und abräumen und was es noch mehr zu tun gab. Auch die Schuhe, die auf dem Schulweg schmutzig geworden waren, mussten täglich geputzt werden.

Ja, die Milchzentrifuge zusammenstellen, das war etwas, was wir gern taten, denn wir wollten doch beweisen, dass wir es mit der Technik aufnehmen konnten. Die vielen kleinen Metallschüsselchen, die unten alle ein Loch hatten, mussten wir auf ein Rohr auffädeln, dann auf den Stift eines Aufsatzes stecken, zuletzt kam noch ein Deckel drauf und das Ganze musste oben zugeschraubt und auf die Milchzentrifuge in der Küche aufgesetzt werden. Dann gab es da noch einen Behälter, in den der Schwimmer gelegt wurde, ein ovaler leichter und innen hohler Teil. Darüber kamen die beiden Teile mit den Rohren, aus denen später die Magermilch auf der einen, der Rahm auf der anderen Seite heraus floss und ganz oben, als Krönung der grosse Behälter für die Milch, die Tante Rosi aus dem Stall brachte. Mit einer Kurbel drehten wir, zuerst langsam, dann schneller, und dann floss der Rahm in die bereitgestellte Kanne und die Milch in einen Eimer.

Einen Teil der Milch verfütterten wir dem Schwein, aus einem anderen Teil machte die Grossmutter ihren berühmten ausgesottenen Käse. Ich habe es später ein paarmal versucht, diesen Käse selbst zu herzustellen. So gut wie ihr ist mir aber das nie gelungen. Ich weiss nur, dass sie die Milch stehen liess, bis sie dick wurde. Das Ganze schüttete sie in ein Sieb und presste die Masse in einem Tuch aus. Den krümeligen Topfen, wie man Quark in Österreich nennt, tat sie eine Schüssel, hinein kam etwas Salz und Kümmel und so blieb die Masse einige Tage zugedeckt am warmen Ofen stehen, bis sie Fäden zog. Dann kochte sie das Ganze auf dem Herd zu einer dicklichen Sosse und füllte es in eine Schüssel, wo es wie Pudding stockte. Dieser grünliche ausgesottene Käse war im Dorf eine beliebte Spezialität, den die Bauern praktisch für die tägliche Jausenzeit herstellten und mit Brot und Butter aufstellten.

Dazu wurde in einem Krug Most gereicht. Die Gegend ist reich an Obstbäumen, an sogenannten Mostbirnen und Mostäpfeln. Darum werden die Oberösterreicher, speziell jene aus dem Hausruckviertel, im übrigen Land gerne auch „Mostschädeln" genannt. Im Herbst sammelten die Bauern die Birnen in Drahtkörben auf, zerkleinerten sie in einer Obstmühle und pressten daraus den Saft, den sie in Fässern zum Gären im Keller lagerten. Die Rückstände aus der Presse, die sie Trebernstöcke nannten, in Form runder Platten wurden getrocknet und als Unterzündmaterial in der Küche verwendet. Ich habe noch heute den Duft der zerquetschten Birnen in der Nase und sehe den süssen Saft in die Bottiche laufen. Und die Wespen rochen die Birnen ebenfalls und stellten sich in grosser Zahl ein. Wir mussten immer aufpassen, dass sich nicht eine Wespe auf den Henkel eines Korbes setzte, den wir anfassen wollten.

Taglöhner, die bei den Bauern arbeiteten, waren Most-Experten, und sie beurteilten die Bauern nach der Qualität des Mostes, den sie aufstellten.

Blieb ein Rest im Mostkrug stehen, schütteten wir ihn ins Essigfass. Also auch der Essig wurde selbst hergestellt.

Den Rahm mussten wir an die Molkerei abliefern. Selbst Butter zu rühren, war verboten. Die Grossmutter erzählte, dass zu Beginn des Krieges einer gekommen war, um nach dem Butterfass zu fragen, denn Butterfässer wurden amtlich versiegelt. Aber meine Grossmutter sagte: „Wir haben keins" und der Mann ging unverrichteter Dinge weg.

So kam es, dass wir Kinder im Keller, wo es keiner sah, Butter aus dem noch verbliebenen Rahm rührten. Die Grossmutter füllte uns den Rahm ins Fass. Dann sassen wir unten, im Dämmerlicht des kühlen Kellers, und mussten lang und geduldig an der Kurbel drehen. Gespannt warteten wir, bis sich im Inneren des Fasses mit einem Mal das Geräusch änderte. Dann wurde das Fass geöffnet und die fertige Butter mit einem Sieb von der Buttermilch getrennt. Die Grossmutter formte die Butter zu einem länglichen Strang und verzierte ihn mit einer Gabel.

„Geh und hol Bärentatzen für die Hasen", sagte Tante Rosi. Das erste Mal haben sie mir gezeigt wie die Pflanzen aussahen. Aus Rath-Onkels Blumenbuch erkannte ich sie sofort als Wiesenbärenklau. Ich trug sie in einem Korb nach Hause, und gab sie später den Hasen. Wir sagten „Hasen", aber es waren natürlich Kaninchen. Die waren lustig anzusehen, wie sie mit ihren Nasen auf- und abmümpfelten und die Bärentatzen oder die Blätter vom Löwenzahn zwischen ihren Nagezähnen verschwinden liessen.

„Grossmutter, was macht denn die Mimi", fragte ich, als ich sah, dass Mimi, die Häsin, sich grosse Mengen ihrer Wolle von der Brust ausrupfte und hinten im Käfig auf einen Haufen zusammentrug.

„Sie macht ein Nest, weil sie bald Junge bekommen wird,"

„Wieso weiss sie das?" wollte ich wissen.

„Sie weiss es nicht, aber sie spürt es", antwortete sie mir. Und wirklich lagen dann eines Tages einige junge Kaninchen im Nest.

Kam dann eines Sonntags ein Hasenbraten auf den Tisch und ich ahnte, dass einer der Hasen dafür sein Leben hatte lassen müssen, einen, den ich jeden Tag gefüttert und gestreichelt, mit ihm gesprochen hatte, dann sass ich stumm am Tisch und schluckte an den Tränen, die mir aufstiegen. Und keiner hätte mich dazu bringen können, auch nur einen einzigen Bissen von dem angeblich herrlichen Braten zu kosten.

Ja, ich bekam eine Ahnung von den Zusammenhängen in der Natur. Tiere, die wissen, wann sie etwas zu fressen bekommen, wie Mutzi, Lona, die Herzweh nach ihrem verlorenen Kälbchen hatte, Mimi, die genau wusste, dass sie ein Nest für ihre Kinder machen musste und Mutzi, die ihre Katzenkinder im Heuboden versteckte. Das waren Geheimnisse, die sich mir nach und nach offenbarten.

Ähnlich war es mit den Hühnern, aber das war eine ganz eigene Sache. Sie hatten ihre Nester in der Scheune. Wenn wir die Eier aus den Nestern holten, was eine unserer Aufgaben war, so mussten wir immer eines liegen lassen, damit das Huhn sein Nest wieder fand. Offenbar sind Hühner nicht so besonders intelligent. Man konnte sie schon damit hinters Licht führen, indem man ihnen ein Ei aus Gips ins Nest legte. Und sie hatten ausserdem eine üble Angewohnheit. Sie hinterliessen ihren Kot in den Wiesen, und wenn wir Kinder barfuss liefen, dann hatten wir oft den Hühnerdreck zwischen den Zehen.

Es war ein beliebtes Spiel von Herbert und mir: Wer findet die meisten Eier?

„Ich habe schon fünf", rief er „ja, aber ich habe sieben!" Tante Rosi legte dann, wenn es besonders viele Eier gab, diese in einen grossen irdenen, glasierten Topf, der mit einer Flüssigkeit gefüllt war, die man „Wasserglas" nannte und die Eier konservierte.

Manchmal fanden die Hühner ihren Weg nicht bis zu ihren Sitzstangen und wir mussten sie im Dunkeln, im Schein einer Petroleumlampe in ihren Schlupfwinkeln in der ganzen Scheune suchen, um sie auf ihren Platz zu bringen. Ja, Hühner sind offenbar doch ein wenig dumm.

So eine Henne merkte es auch nicht, wenn man ihr fremde Eier unterlegte. Sie brütete alle aus und verteidigte ihre Küken gegen jeden, der ihnen zu nahe kam. Wenn die Grossmutter die Henne mit ihren Jungen in einem grossen Korb in die warme Stube stellte, so war es nicht ganz ungefährlich, in die Nähe des Korbes zu kommen, denn die Henne konnte ziemlich aggressiv werden. Eine Henne, die Küken hatte, erkannten wir schon an ihrer Stimme, die ganz anders war, als die der anderen Hennen.

Im Herbst gingen die Jäger zur Treibjagd. Die Dorfjungen mussten mit Stöcken im Wald an die Bäume schlagen und laut schreien, um das Wild aufzuschrecken. Auch Herbert war öfter unter den Treibern. Wenn dann die Hasen, Fasane und Rebhühner am Ende der Jagd fein säuberlich aufgereiht auf dem Boden lagen, bekam er einen Hasen als Treiberlohn. Ich wollte damit nichts zu tun haben, nicht einmal was davon hören. Einmal kam Herbert mit Blutspritzern auf seinen nackten Beinen von der Treibjagd heim. Da ahnte ich von dem Drama, das sich da im Wald abgespielt hatte und verkroch mich für ein paar Stunden auf dem Heuboden. Das Fleisch dieser Hasen hatte ohnehin einen für mich unangenehmen Geschmack nach Wild, und Tante Rosi zwang mich nie, davon zu essen.

Im Herbst war es ausserdem üblich, dass man die Schafe einfach laufen liess. Sie fanden sich zu einer Herde zusammen, und wenn das Gras überall abgemäht war, konnten die Schafe den Rest abweiden. Am Abend mussten wir schauen, wo sich die Herde befand, es waren manchmal über hundert Tiere. Jeder suchte sich sein Schaf heraus und brachte es nach Hause. Lisi, unser Schaf konnten wir mühelos aus der grossen Herde herausfinden, denn Schaf ist nicht gleich Schaf. Jedes hat sein eigenes Gesicht.

Eines Morgens hörte ich, wie Grossmutter zu Tante Rosi sagte:

„Meinst du, sie ist trächtig?“, als sie Lisi aus dem Stall liessen.

„Ich weiss nicht“, meinte Tante Rosi, „ich glaube nicht“.

Eine Stunde später stand Lisi mit lautem Mäh-Geschrei vor ihrer Stalltür und begehrte Einlass.

„Ja Lisi, was ist denn los?“ fragte die Grossmutter.

„Ja, was ist los?“, antwortete Tante Rosi, „siehst du nicht, dass sie hinten blutet?“

Ja, tatsächlich, sie blutete, und eine halbe Stunde später war ein süsses, schneeweisses Lämmchen geboren.

„Und wir haben heute Morgen noch nicht gewusst, ob sie trächtig ist oder nicht.“

Da soll noch einer sagen, Schafe sind dumm. Diesmal waren die Menschen die Dummen. Lisi gehörte jedenfalls zu den intelligenten Schafen, sie wusste, besser als die Menschen, dass es Zeit war, nach Hause zu gehen, ja dass es ganz und gar unvernünftig war, sie überhaupt wegzuschicken.

Der Grossvater war pensionierter Bergmann. Denn nur von der kleinen Wirtschaft allein hätte die Familie nicht leben können. Er hatte früher im Braunkohlen-Bergbau gearbeitet. Das war eine sehr schwere und gefährliche Arbeit gewesen. Es kam schon vor, dass er mit anderen Bergleuten zusammen verschüttet war. Um die Grossmutter nicht zu beunruhigen, liess er ausrichten, dass er eine Doppelschicht eingelegt hätte. Zum Glück ist es fast immer gelungen, die eingeschlossenen Bergleute zu befreien. Einige von ihnen aber hatten Verletzungen davon getragen und mussten oft wochenlang im Krankenhaus zubringen. So erging es auch einmal Onkel Sepp, der neben seiner kleinen Landwirtschaft auch als Bergmann arbeitete. Aber er wurde gottlob wieder gesund.

Wenn sich zwei Bergleute begegneten, so grüssten sie sich mit dem Bergmannsgruss „Glück auf“, und vor der Einfahrt in den Stollen war es üblich, dass sie zur Patronin der Bergleute, der heiligen Barbara das Barbara-Gebet sprachen. Starb ein Bergmann, so wurde der Sarg von Bergknappen in Bergmannstracht zum Grab getragen und mit einem dreimaligen „Glück auf!“ in der Erde versenkt. Ich habe dies nach vielen Jahren miterlebt, als mein Grossvater begraben wurde und die Musikkapelle das Lied. „Glück auf, Glück auf, der Steiger kommt“ intonierte.

Die Bergleute erhielten eine verhältnismässig gute Pension, aber was noch viel wichtiger war: sie bekamen die Kohle, die sogenannte Deputatkohle gratis. So kam einmal im Jahr der Wagen vom Bergwerk und lud die Kohle auf dem Vorplatz der Holzhütte ab. Sie wurde aber nicht zerkleinert, in handlichen Brocken, geliefert, sondern in groben Stücken oder grossen Platten. Hier erhielten wir unseren ersten Unterricht in Erdgeschichte: Auf den Kohlenplatten konnten wir die Abdrücke von Riesenschachtelhalmen und Farnen sehen, die es vor Jahrmillionen in unserer Gegend gegeben hatte und die unter Luftabschluss zur Kohle geworden waren. Als wir in der Schule später vom Paläozoikum und Mesozoikum lernten, da brachten wir als Anschauungsmaterial solche Stücke mit in die Schule, und dieser Unterricht war dann nicht theoretisch und trocken, sondern lebendig und interessant.

In der Holzhütte, wo sich der Schweinestall und die Kaninchenställe befanden, war auch noch Lisi, das Schaf untergebracht. Und eben die Kohle. Mit einem Beil mussten wir sie dort in kleine Stücke hacken, damit wir sie im Herd verfeuern konnten.

Aber mit der Kohle allein liess sich noch kein Feuer entfachen. Daher gingen wir alle paar Wochen mit einem Radlbock und einem grossen Korb in den Wald, klaubten dürre Äste und Zweige auf und sammelten Tannenzapfen. Das Holz hackte der Grossvater in kurze Stücke, die er mit einem Weidenzweig zu einem Bündel band. Die Bündel wurden unter dem Vordach des Hauses aufgeschichtet und waren fertig zum Gebrauch für den Ofen in der Stube.

Reicher Alltag, mit Spiel und Arbeit

Die Holzhütte war an Schlechtwettertagen ein guter Spielplatz für Herbert und mich, aber auch für die Nachbarskinder. Dort vertrieben wir uns die Zeit mit allerlei Spielen. Der Grossvater hatte zwei Kerben in ein Brett geschnitten, ein Seil um den Balken geworfen und das Brett darauf gelegt. Fertig war die Schaukel. Ob eines allein oder mehrere von uns Kindern darauf schaukelten, ein Vergnügen war es allemal – und zwar ein kostenloses.

Kostenlos waren überhaupt die meisten Spiele:

„Spielen wir „Eins, zwei, drei anschlagen?“ kamen der Schmiedleitner Friedl vom Nachbarhaus und seine Schwester Martha daher. Gleich gesellten sich auch noch die Bachler Elli und die Hofer Mariedl dazu. Einer musste an der Holzwand „einschauen“ und laut bis zwanzig zählen, während sich die anderen versteckten. Wer es schaffte, bevor das Versteck entdeckt wurde, zur Wand zu laufen und zu rufen „eins, zwei, drei angeschlagen,“ war gerettet. Wurde das Versteck entdeckt, lief der, der eingeschaut hatte, schnell zur Wand und rief zum Beispiel seinerseits „ eins, zwei, drei angeschlagen, der Friedl!“. Wer zuletzt unentdeckt übrig blieb, der hatte gewonnen.

Bei Schlechtwetter fand das Spiel im Heuboden statt. Dort konnte man ausserdem wunderbar Höhlen im Heu bauen und vom Heustoss herunterhüpfen. Aber der Grossvater sah es nicht so gern, wenn wir ihm im Viehfutter herumsprangen

„Ihr vertrampelt mir das ganze Futter!“ rief er aus und manchmal hat er es uns verboten. Dann schlichen wir uns heimlich hinauf, suchten uns ein Versteck und riefen hinunter:

„Lustig ist´s im Heuboden“ und verschwanden schnell in unserer Höhle.

Wenn er dann heraufgestapft kam und uns nicht fand, dann

knurrte er was von „Lumpengesindel, das nicht folgen kann“.

Wenn wir unseren Grossvater necken wollten, höhlten wir einen Kürbis aus, schnitzten ihm ein Gesicht und stellten eine Kerze hinein und das Ganze aufs Fenstersims in Grossvaters Schlafstube. Wir nannten das „Geistern“. Aber der Grossvater liess sich nicht „geistern“, fürchtete sich nicht vor unserem Gespenst“ und wir räumten etwas kleinlaut unseren „Geist“ wieder weg.

Im Dachstock gab es noch eine weitere unerschöpfliche Quelle von Entdeckungen. Auf der anderen Seite des Heubodens standen nämlich einige Schränke. Und in denen fanden wir alte Kleider und Hüte, manche davon noch von der Urgrossmutter. Die holten wir hervor und zogen sie uns an. Kleider mit Rüschen und Bändern und Biesennähten, Hüte aus Stroh oder Filz, dazu ein altmodisches Täschchen und ein ebenso altertümlicher Schirm waren die Schätze, die uns zu vielen Stunden fröhlichen Spiels verhalfen. So verkleidet, spielten wir dort oben Theater und waren wieder für einen Nachmittag beschäftigt.

Was mussten die Leute früher für eine Arbeit mit dem Waschen und Bügeln gehabt haben, wenn die Kleider und Wäschestücke mit so vielen Rüschen und Biesennähten verziert waren, das musste doch entsetzlich mühsam gewesen sein. Waschen und Bügeln war doch jetzt noch mühselig genug.

Wenn Waschtag war, heizte Tante Rosi den grossen Kessel. Die Wäsche weichte sie einen Tag vorher in Sodawasser ein und behandelte sie am anderen Tag in Seifenlauge auf dem Waschbrett, also auf der Waschrumpel und mit der Bürste vor. Schliesslich mussten die weissen Sachen alle im Kessel gekocht werden und dann begann das Mühsamste: Die fertig gewaschene Wäsche trugen wir in ein Häuschen, das über einen kleinen Bach gebaut war. Man musste einen steilen Weg abwärts und über eine Wiese laufen, bis hin zum dem Waschhaus. Dort kniete dann Tante Rosi und schwemmte jedes Wäschestück so lange durch, bis es vollkommen ohne Seifenlauge war.

Ich durfte Taschentücher und Geschirrtücher schwemmen. Wenn wir dann mit roten, aufgequollenen Händen glücklich wieder daheim angelangt waren, blieb nur noch übrig, die Wäsche im Garten aufzuhängen.

Gebügelt hat immer die Grossmutter. Elektrischen Strom gab es in unserem Haus keinen, daher auch kein elektrisches Eisen. So füllte die Grossmutter glühende Holzkohle ins Eisen, das sie vor der Haustür hin- und herschwenkte, bis es die richtige Hitze zum Bügeln hatte. Wie sie es anstellte, dass sie dabei nie ein Wäschestück verbrannte und trotzdem alles glatt wurde, war ihr Geheimnis.

Ein elektrisches Bügeleisen habe ich zum ersten Mal bei der Gruberin, der Schneiderin gesehen. Und das war auch noch eines, bei dem man von Zeit zu Zeit den Stecker ausziehen musste, dass es sich nicht überhitzte.

Erst mehrere Jahre später kratzten meine Grosseltern das Geld zusammen und liessen sich den elektrischen Strom einleiten, aus Sparsamkeitsgründen über Putz. Es war schon ein besonderes Ereignis, als zum ersten Mal das Licht der Lampe auf Knopfdruck brannte.

Meine Grosseltern besassen ein paar Äcker, auf denen sie Kartoffeln, Gemüse und Rüben pflanzten. Die Rüben dienten als Futter für die Schweine und Kühe. Auf ein, zwei Feldern pflanzten sie Gerste und Weizen und einige Wiesen lieferten Gras und Heu für die beiden Kühe. Tante Rosi arbeitete nebenher als Taglöhnerin bei den Bauern. Die suchten immer Leute für die Feldarbeit. Viele Männer waren ja eingerückt, daher wurden alle Hände gebraucht. Ausserdem richtete sich ja die Arbeit der Bauern nach dem Wetter.

„Geh, frag den alten Dirrler, wie das Wetter wird“, sagte wohl manchmal einer der jungen Burschen.

„Na, Dirrler, was meinst, wie wird morgen das Wetter?“

Der stellte sich unter die Haustür, legte den Kopf in den Nacken, beschattete mit der Hand die Augen und schaute lange in den Himmel. Dann sagte er langsam und bedächtig:

„Es kann scheen werd´n, es kann aber grob a werd´n!"

Und alle, die zuhörten, schüttelten sich vor Lachen, denn die Antwort vom Dirrler wussten ja alle schon lange zuvor, er sagte immer das Gleiche, wenn wir ihn nach dem Wetter fragten.

Da war wohl das Wetterhäuschen meiner Grosseltern schon etwas zuverlässiger. Es hatte zwei kleine Türchen. In der linken Tür stand ein Weiblein mit einem Korb, das verhiess Schönwetter, in der rechten stand ein Männlein mit einem Schirm, was Schlechtwetter bedeutete. Die beiden Figuren waren mit einer Darmsaite verbunden, die sich bei ändernden Wetterbedingungen dehnte oder zusammenzog, so dass einmal das Männlein, ein anderes Mal das Weiblein herauskam. Die Darmsaite stammte von meiner Zither. Das Häuschen, so erinnere ich mich, hatte meistens mit seiner Wetterprognose recht, jedenfalls mehr als der alte Dirrler, aber was viel wichtiger war: Ausser uns hatte niemand ein solches Wetterhäuschen, und woher unseres stammte, weiss ich nicht. Wir waren ein bisschen stolz drauf, wenn sogar die Bauern nach der Wetterprognose, so wie sie unser Wetterhäuschen prophezeite, bei uns nachfragten.

Die Feldarbeit war in meiner Kindheit noch nicht so stark mechanisiert. Gemäht wurde noch mit der Sense. Dahinter gingen die Frauen her und hoben das Getreide auf, banden es mit Stroh zu Garben und dann halfen alle zusammen, die Garben zu Kornmandeln, wie man diese Puppen nannte, aufzustellen. War der richtige Trocknungsgrad erreicht, so wurde das Getreide eingefahren. Wenn die Feldarbeit vorbei war, im Spätherbst, fuhr die Dreschmaschine von Hof zu Hof. Sie blieb dort zwei oder drei Tage, je nachdem, wie gross die Ernte des Bauern war.

Tante Rosi war dann immer vollbeschäftigt, denn beim Dreschen wurden viele Hände gebraucht. Die Dreschmaschine machte einen ohrenbetäubenden Lärm und es gab eine Menge

Staub und natürlich Spreu, die zusammengefegt werden musste. Zum Schluss war das Stroh in der Scheune, das Korn in den Säcken, fertig zum Abtransport in die Mühle. Und die Dreschmaschine zog weiter zum nächsten Hof, ins nächste Dorf.

In der Stube des Bauern standen, während gedroschen wurde, noch ein paar Tische mehr und in der Küche ging es hoch her. Da wurde gebraten, gekocht und gebacken, und das Beste dran waren die Drescherkrapfen. Wenn immer wir konnten, schlichen wir uns unter dem Vorwand, wir wollten nur beim Dreschen zuschauen, auf den Hof, wo Tante Rosi arbeitete. Aber nicht nur wir, auch die anderen Dorfkinder fanden sich ein. Die Moosbichlerin bereitete daher immer einen Tisch allein für die Kinder vor. Sie stellte uns Brotschnitten und Zuckerrübensirup hin und natürlich auch eine Schüssel voll Krapfen. Den Zuckerrübensirup liess ich regelmässig stehen, denn er war mir viel zu süss, aber die Drescherkrapfen waren eine Delikatesse, bei denen ich mich selten zurück hielt.

Weil die ganze Arbeit mit dem Dreschen anstrengend und staubig war, fand ein solcher Tag dennoch ein fröhliches Ende. Das bedeutete, dass am Abend in der grossen Bauernstube getanzt und musiziert wurde. Dazu wurde viel zur Begleitung von Zither und Gitarre gesungen. Denn unter den Leuten, die mitgearbeitet hatten, waren stets eine Reihe von ausgesprochen musikalischen Talenten, denen das Singen von lustigen Liedern und den in Oberösterreich berühmten „Innviertler G`stanzln" wohl schon in die Wiege gelegt worden war.

Es gab im ganzen Dorf nur zwei Grossbauern, die einen Traktor besassen und Mähmaschinen. Die anderen führten ihre Feldfrüchte noch mit Pferd und Wagen nach Hause. Ging Tante Rosi also zu einem Bauern zur Arbeit, so konnte sie ihn bitten, uns unser Heu und das Getreide nach Hause zu fahren, denn wir hatten ja weder ein Pferd noch einen Ochsen.

Die Traktoren waren für uns Kinder eine grosse Attraktion, und es kam vor, dass der Bauer aufs Feld hinaus fuhr und auf jedem freien Plätzchen auf dem Traktor ein Kind sass. Die Traktoren musste man mit einer Handkurbel starten. Das war manchmal ein mühsames Unterfangen, denn nicht immer sprang der Motor sofort an. Wir Kinder erwarteten stets mit Spannung, wie oft gedreht werden musste, bis das Tuckern des Motors anzeigte, dass der Start gelungen war.

Die Ähren, die zuletzt auf dem Feld noch liegen geblieben waren, lasen wir Kinder auf und brachten sie nach Hause. Die Bauern erlaubten es den Kindern und auch allen Erwachsenen, die liegen gebliebenen Kornähren einzusammeln. Nur beim Neidhamerbauern war es schwierig, noch etwas auf dem Feld zu finden. Denn die Neidhamerin ging höchstpersönlich noch zwei-, dreimal mit dem grossen Rechen übers Feld, damit nur ja keine Ähre liegen blieb. „Jaja, die Neidhamerin, die hat ihren Namen nicht umsonst“, sagten sogar die Erwachsenen. Das Ährenklauben war zwar eine mühsame aber sehr nützliche Arbeit und wir setzten unseren ganzen Ehrgeiz drein, dass von unserer Ährenklauberei so viel Getreide zusammenkam, dass wir es zum Müller bringen konnten. Dann bekamen wir, wenn wir fleissig waren, einen so grossen Sack Mehl dafür, der sogar für einmal Brotbacken reichte. Und das hiess bei uns: Brot für einen ganzen Monat.

Als ich noch ein Kind war, da hatte das Getreide noch viel längere Halme als heute. Jedenfalls stand das Korn übermannshoch, und wenn wir uns verstecken wollten, war das in so einem Feld sehr leicht möglich. Die Kofler Mariedl erzählte einmal, dass sie mit einem Burschen am Abend spazieren ging, als sie von weitem ein paar Leute aus dem Dorf kommen sahen. Da verschwand der Bursch eilig im Kornfeld und kam erst wieder zum Vorschein, als die Leute weg waren. Tief verletzt liess Mariedl den ungalanten Begleiter stehen und ging schnell allein nach Hause. Sie hatte es wirklich nicht nötig, dass dieser sich ihrer schämte und nicht mit ihr gesehen werden wollte! Der Bursche erhielt seine Strafe, denn die Mariedl hat es jedem erzählt, der es hören wollte.

Wenn Mutti zu Besuch aus Wien kam, ging sie mit mir oft noch abends an den hochstehenden Getreidefeldern vorbei. Dann zirpten die Grillen und es flogen die Leuchtkäferchen durch die warme Sommernacht. Die Natur kümmerte sich nicht um Tod, Krieg und Bombennächte, sie schenkte uns freigebig, was sie zu schenken hatte.

Ein beliebter Zeitvertreib im Sommer war das Himbeerpflücken. In Gummistiefeln und langen Hosen, und die Mädchen mit Kopftüchern, zogen wir mit Eimern und Häferln in den Himbeerschlag hinaus. Ein Häferl war am Gürtel befestigt. In dieses pflückten wir die süssen dunkelroten Himbeeren und leerten sie dann in den Eimer. Da kam es auch schon mal vor, dass wir an ein Wespennest gerieten. Ein Glück, dass wir das Kopftuch aufhatten, denn Wespen, wenn sie aufgescheucht werden, verheddern sich gern in den Haaren. Wenn wir Glück hatten, konnten wir noch rasch genug wegrennen, hatten wir Pech, so stachen die Wespen zu.

„Komm, musst nicht weinen, es ist gleich vorbei“, sagte die Grossmutter und zeigte uns, wie man das Gift von einem Wespenstich z.B. am Arm oder auf der Hand mit dem Mund aussaugt, und dann riss sie ein Stück Gras, noch mit der Erde dran aus und legte es auf. So tat es viel weniger weh. Aber Respekt hatten wir schon vor den Wespen.

Die Himbeeren mussten wir zu Hause sorgfältig kontrollieren, ob nicht Würmer drin waren. Dann pressten wir sie in einem Tuch aus, kochten den Saft mit etwas Zucker, der rar war und füllten ihn in Flaschen. Mit dem Wasser, aus dem Brunnen hinter dem Haus, der im Erdboden versenkt war und aus dem man das Wasser schöpfen musste, gab das ein herrliches erfrischendes Getränk. Das Wasser aus der Pumpe war nicht gut genug dafür, denn es hatte einen Geschmack nach Metall von den Rohren.

Wenn wir sehr viele Himbeeren fanden, brachten wir sie einer Bäuerin, die zum Himbeerpflücken keine Zeit hatte, und sie gab uns dafür Mehl oder Schmalz. Wir waren ja nur Teilselbstversorger und Mehl und Schmalz konnten wir zusätzlich gut gebrauchen.

Wenn die Kartoffeln ausgegraben wurden, waren alle Hände, besonders die von uns Kindern, damit beschäftigt, sie aufzulesen und viele Körbe damit zu füllen. Aber lange bevor es überhaupt soweit war, dass Kartoffeln geerntet wurden, gab es eine andere, sehr wichtige Arbeit. Wie man uns in der Schule sagte, war ein böser Schädling, der Kartoffelkäfer – er hiess Colorado-Käfer - offenbar aus Übersee eingeschleppt worden. Ganze Schulklassen streiften durch die Furchen der Äcker, um die ungebetenen Gäste einzusammeln. Auch da gab es sogleich einen Wettbewerb: Wer findet die meisten Käfer? Und jedes Mal ein Freudenschrei: „Ich hab einen gefunden!"

Wenn wir auf dem Acker die Krautköpfe geerntet und nach Hause gebracht hatten, gab es eine neue Beschäftigung. Mit einem grossen Hobel hobelte der Grossvater das Kraut in einen Bottich. Tante Rosi trat es mit blossen Füssen fest und streute Salz und Kümmel dazwischen. Immer wenn ich das irgendwo erzählte, so rümpften die Leute die Nasen. „Was? Mit den Füssen habt ihr das Kraut eingestampft?" „Ja, wieso eigentlich nicht? Füsse kann man genauso gut waschen wie Hände, und mit den Händen kocht jeder Koch und jede Köchin, knetet Teige und formt Knödeln. Und denkt einmal dran, wofür Hände sonst noch gebraucht werden…" Und dann dachten die Angesprochenen meistens nach und erinnerten sich daran, bei welchen Gelegenheiten Hände überall gebraucht werden. Tante Rosi hat ihre Füsse immer vorher lang in einem Bottich mit heissem Wasser und Seife gewaschen, und ich konnte gar nichts Unappetitliches daran finden, wenn sie in den Bottich und auf das Kraut trat, aus dem später das wunderbarste Sauerkraut wurde, das ich je gegessen habe.

Einmal im Monat backten wir Brot. In der Stube stand ein grosser Trog mit dem Mehl. In einem kleinen Bottich wurde schon ein, zwei Tage vorher der Sauerteig angerührt. Zum Mehl kam noch ein wenig Kümmel, Anis, Koriander, den wir mit dem Wallholz zerdrückten und Salz. Tante Rosi knetete den Teig. Das war, weil es eine grosse Menge war, sehr anstrengend und es standen ihr dabei die Schweissperlen auf der Stirn. Nach dem Kneten musste der Teig aufgehen, der Trog hatte einen Deckel, damit der Teig keine Haut bekam.

War der Teig gegangen, dann wurden alle Hände gebraucht. Tante Rosi formte schöne, runde Laibe. Wir legten in jedes Körbchen ein Tuch und da hinein kam je ein Laib. Noch einmal musste der Teig gehen. In der Zwischenzeit hatte Tante Rosi im grossen Brotbackofen, im Vorhaus ein grosses Feuer gemacht. Bevor sie die Glut heraus schaufelte, backte sie am Rand des Feuers noch einige Backzelten, das waren Fladen aus den Teigresten, für uns Kinder immer eine ganz grosse Spezialität, die wir mit etwas zerlassener Butter und Kümmel genossen. Dann schaufelte sie die Glut heraus und wischte mit einem Besen die Asche weg.

Alles, was folgte, ging blitzartig. Wir Kinder reichten ihr die Körbchen, sie stürzte die Laibe schnell auf einen grossen Schuber, schnitt die Oberfläche kreuzweise ein und schob sie rasch in den Ofen. Dann machte sie die eiserne Tür zu und die Brote, meistens waren es zwölf grosse Laibe, blieben zwei Stunden im Ofen. Einmal nahm sie sie noch schnell heraus und wusch mit einem Tuch und Wasser die Oberfläche ab, damit das Brot schön glänzend wurde und schob sie nochmals kurz ein.

Der Duft frisch gebackenen Brotes hat mich immer an Tante Rosis Backofen erinnert. Brot war nicht einfach Brot, es hatte etwas geradezu Rituelles, und ich denke, in einem Haus, wo es nach frisch gebackenem Brot riecht, herrscht automatisch Friede und Geborgenheit. Ich habe damals gut aufgepasst, wie man Brot bäckt, und ich habe es später selbst oft und gern getan und es, wie Tante Rosi mit Anis, Kümmel und zerdrücktem Koriander gebacken. Und mein Brot haben alle immer sehr gerne gegessen. Es war auch mit viel Liebe und mit den Erinnerungen an eine glückhafte Kindheit gebacken.

Im Keller lagerten wir die Brotlaibe, und wenn einer angeschnitten wurde, so zeichnete der Grossvater darauf vorher immer das Kreuzzeichen. „Gib uns unser tägliches Brot," das waren für ihn keine leeren Worte.

Wien – retour

Irgendwann einmal in den folgenden Monaten blieb Wien eine Zeitlang tatsächlich von den Bombenangriffen verschont. Wir schöpften Hoffnung, denn der Krieg hatte schon viel zu lang gedauert. Sollte er endlich zu Ende gehen? Hoffnung ist immer erlaubt. Als Mutti uns besuchte, begann ich wieder zu betteln: „Nimm mich mit nach Wien!" Sie las in meinen flehenden Augen, überlegte eine Weile, aber weil ich gar nicht locker liess, willigte sie schliesslich ein. Natürlich, es hatte sie doch auch belastet, dass sie ihr Kind nur so selten sehen konnte, und sie fand, dass es zu seiner Mutter gehörte.

Also standen diesmal Tante Rosi, Herbert und die Nachbarskinder am Bahnhof, als unser Zug davonfuhr und winkten uns nach, bis der Zug hinter der nächsten Kurve verschwand. Natürlich war auch dies wieder ein Abschied, der schmerzte, alle weinten wir, aber ich würde bald wieder die Rath-Tante, den Rath-Onkel und meine Klassenkameradinnen von früher treffen, wieder zu Fräulein Bittmann in die Zitherstunde gehen können, und das erschien mir verlockend genug.

Es gab ein grosses Wiedersehen, und alle fanden, dass ich stark gewachsen war. Ja, die Kleider, die meine Mutter immer mit einem breiten Saum nähte, mussten herunter gelassen werden. Dort, wo der verräterische Knick war, nähte sie eine bunte Borte auf, dann fiel der Unterschied nicht so auf. Auch die Seitennähte mussten aufgetrennt und heraus gelassen werden, denn ganz so dünn wie früher war ich doch nicht mehr.

Gleich am nächsten Tag ging es zur Schule, doch da erlebte ich schon die erste herbe Enttäuschung: Aus welchen Gründen, das habe ich nie erfahren, durfte ich nicht zurück in meine frühere Schule, sondern musste in eine andere gehen, die in der entgegengesetzten Richtung lag. Ein Glück nur, dass Elfi Brenner auch dorthin umgeteilt worden war. Alles an der neuen Schule war unsympathisch: ein dunkler Kasten mit ebenso dunklen Gängen, abblätternder Farbe an den Wänden, wie mir schien, unsauberen Toiletten und ausgetretenen Treppenstufen. Es roch muffig in dem alten dämmerigen Gemäuer und nichts, aber auch gar nichts schien hier freundlich zu sein.

Auch nicht die Lehrerin, Frau Betztek. Sie trug eine schwarze Kleiderschürze und strich mir schon am ersten Tag meine Hausaufgabe durch, mit der Bemerkung: „Noch einmal abschreiben, das ist zu sehr geschmiert." „Helli, jetzt musst du dich aber zusammennehmen, denn du warst doch immer eine gute Schülerin", sagte meine Mutter. Ja, im Dorf, da war es nicht besonders schwer, eine gute Schülerin zu sein. Dort war ich die Beste im Lesen, die Beste im Aufsatz und im Diktat. Ich wusste immer etwas aus der Heimatkunde, aus dem Brauchtum, einfach überall. Aber hier fiel ich mit meinem Wissen gar nicht auf. Was ich konnte, konnten die anderen auch.

Mutti sah meine Not, sie nähte mit grossen Stichen ein paar linierte Blätter zusammen und machte mir daraus ein Heft. Jetzt begann ich zu üben, übte das Schönschreiben, bis die Seiten wie gestochen aussahen. Der Erfolg kam umgehend, die Noten wurden sofort besser, und zuletzt erhielt ich für das Schönschreiben ein Lob und sogar sehr gute Noten. Wie hatte doch das Rezept geheissen? „Einen draufsetzen, einen Zacken zulegen".

Fräulein Bittmann freute sich, dass ich wieder in die Zitherstunde kam. Sie hatte eine gelähmte Mutter, die in einem Schaukelstuhl im Musikzimmer sass und zuhörte, wenn sie Schüler unterrichtete. Fräulein Bittmann gab auch Klavier- und Akkordeonstunden, und manchmal, wenn ich etwas zu früh kam, sass ich in der Ecke und hörte aufmerksam zu, wenn ein anderes Kind etwas auf dem Klavier oder auf dem Akkordeon spielte. Eines Tages aber kam Fräulein Bittmann an unsere Tür und sagte, sie müsse die Stunden vorübergehend einstellen, ihre Mutter sei so krank, dass sie die ganze Zeit für ihre Pflege brauchte.

Als die Mutter dann ein paar Wochen später starb, musste Fräulein Bittmann alles für das Begräbnis organisieren. Sie trug ein schwarzes Kostüm und einen schwarzen Hut mit Schleier, als ich sie das letzte Mal sah. Ich habe sie nie mehr wieder gesehen.

Und eines Nachts gab es wieder Fliegeralarm, es folgten neue Bombennächte, schlimmer denn je.

Statt der Vollmilch bei den Grosseltern, gab es am Morgen nur dünnen Ersatzkaffee, der nicht schmeckte und sehr selten nur bekam Mutti beim Gemüsehändler ein paar saure Äpfel. Die dunklen süssen Kirschen von Grossvaters Kirschbaum waren weit weg und auch der Baum mit den herrlichen Gravensteiner Äpfeln. Keine Mutzi, keine Lisi, keine Lona mehr! Statt dessen jeden Tag die Ungewissheit, ob nicht wieder die feindlichen Bomber auf Wien zufliegen würden, ob ich meine Schulkameradinnen, meine Freundinnen nach einer Bombennacht wieder sehen, ja ob wir überhaupt den nächsten Tag erleben würden.

Meine Mutter war verzweifelt. „Ich bereue es, so viele Haare, wie ich auf dem Kopf habe, dass ich das Kind mitgenommen habe,“ sagte sie zu Frau Brenner. Und Frau Brenner antwortete: „Wenn ich Verwandte auf dem Land hätte, ich würde keine Minute warten, um meine Kinder hinzubringen, Frau Angermann.“

So war ich keine zwei Monate in Wien, da machten wir uns wieder auf die Reise zu den Grosseltern. Wie lange sollte denn dieser Krieg noch dauern? Wo war Papa? Warum wurden wir immer wieder auseinander gerissen?

In der Dorfschule hatten wir eine neue Lehrerin bekommen. Frau Adelheid Hoflehner war nett, aber ich glaube, sie hatte ein wenig Angst vor den grossen Buben, die ihr schon über den Kopf gewachsen waren. Und die Buben spürten das ganz genau und machten manchmal, was sie wollten, nur um zu testen, wie lange ihr Geduldsfaden war. Es war durchaus üblich, dass ein Lehrer dann und wann noch Ohrfeigen austeilte. Aber Frau Hoflehner hat es nie getan, denn sie fühlte, dass es wohl ein wenig lächerlich gewesen wäre, hätte sie mit ihrer Hand so weit hinauf langen müssen, um die Backe zum Beispiel vom Schober Adi zu erwischen.

Sie probierten es noch viel öfter beim Kaplan Doppler, der den Religionsunterricht erteilte. Der Kaplan war ein Bauernsohn aus dem Innviertel, gross und kräftig, mit einem runden, rotbackigen Gesicht und einer Brille auf der Nase. Seine Bewegungen, sein ganzes Wesen erinnerten an einen tolpatschigen Bären. Er war viel zu nachsichtig mit den Schülern. Schnell hatten der Schober Adi und der Krambauer Karli herausgefunden, dass sie sich allerlei herausnehmen konnten und probierten aus, wie weit sie gehen durften.

Der Kaplan wurde in der Schule immer nur der „Hiatzana" genannt. Denn er begann die Sätze häufig mit dem aus seinem Innviertler Dialekt stammenden Wort „Hiatzana", was übersetzt „jetzt" hiess. Er gab sich die grösste Mühe, uns die Grundsätze des christlichen Lebens nahe zu bringen, aber der Schober Adi und der Krambauer Karli quittierten abwechselnd jeden Satz des Kaplans mit den Worten: „Geh, was d´net sagst". Da wurde es diesem zu bunt und er rief aus: „ Wannst hiatzana net ruhig seidst, dann müasst´s alle dableib´n!."

„Ja gell, dös tät dir so pass´n," gab da der Adi zurück. Er

fühlte sich offenbar stark, denn sein Vater war ein Nazi und der war stolz darauf, dass er seinen Sohn Adolf getauft hatte zu einer Zeit, als er vom Führer wohl noch nichts wusste.

„Heute haben der Krambauer Karli und der Schober Adi wieder den Hiatzana gepflanzt“ erzählten wir zu Hause, nicht ohne zu lachen. Der grosse, starke Hiatzana konnte sich gegen zwei solche Lausbuben nicht durchsetzen. Das fanden wir schon bemerkenswert. Es kommt nicht auf die Grösse an, sondern auf die Gutmütigkeit und den Geduldsfaden, der beim Kaplan viel zu lang war.

Aber Tante Rosi sagte: „Da gibt´s nicht zu lachen. Die brauchen sich gar nichts einzubilden, die zwei blöden Lackeln. Die sind so dumm wie sie lang sind.“ Sie meinte, es sei langsam schlimm, was sich die Schüler da erlauben und ermahnte uns, uns ja nicht an solchen Aktionen zu beteiligen. Das taten wir auch nicht, denn die beiden, der Schober Adi und der Krambauer Karli waren wirklich keine Leuchten in der Klasse und wir spürten instinktiv, dass ihr Benehmen kein Massstab für das unsrige sein konnte. Und sie waren deshalb so gross, weil sie schon ein-, zweimal sitzen geblieben und eigentlich bereits zu alt für die Klasse waren und auf keinen Fall ein Vorbild für uns.

Herbert war drei Jahre älter als ich und bei der DJ, bei der deutschen Jugend. Dies war die Vorstufe zur HJ zur Hitlerjugend. Ich war noch zu jung, um bei den BDM-Mädchen (Bund deutscher Mädchen) zu sein. Tante Rosi war überhaupt nicht begeistert, aber man konnte sich schlecht drücken. Wenn immer es aber ging, so wusste sie eine Ausrede, dass Herbert nicht zum Heimabend gehen musste oder zu anderen Zusammenkünften. Da erschien einmal ein schneidiger Bursch in Uniform, es war der Werner Kronauer, hob die Hand zum Hitlergruss und sagte zu Tante Rosi: „Heil Hitler, Frau Zeiner. Herbert hat letztes Mal wieder gefehlt. Ich mache Sie darauf aufmerksam, dass Sie Ihren Sohn pünktlich zu unseren Zusammenkünften zu schicken haben.“

„Ja, schon recht. Aber ich verbitte mir diesen Ton. Und damit du es weisst, Werner: Wir brauchen jede Hand, denn wir sind ein vaterloser Haushalt und haben für die Arbeit niemanden ausser dem Grossvater, und der ist ein alter Mann.“

Ich staunte, woher Tante Rosi diesen Mut genommen hat, denn sie gehörte eher zu der Sorte von Menschen, die schnell einknickten, wenn sie angegriffen wurden. Wahrscheinlich war auch Werner davon überrascht, denn er sagte nichts mehr und trottete davon.

Ich sass wieder hinter der Lichtlmüller Lini und der Moosbichler Nanni. Die beiden Bauerntöchter brachten manchmal ein paar Krapfen mit, wenn es welche zu Hause gab und assen sie in der Pause.. Bei den Grosseltern gab es nur ganz selten Krapfen, denn sie wurden im schwimmenden Fett gebacken, und das war auch bei uns knapp. Nanni und Lini bemerkten schnell, dass ich mit Stielaugen nach den Krapfen sah. Sie steckten mir manchmal einen zu, besonders dann, wenn ich ihnen half, einen Aufsatz zu verbessern, für den sie dann eine gute Note erhielten. Bald wurde der Tauschhandel perfekt: Hilfe bei den Deutschaufgaben gegen einen Krapfen, wenn es bei ihnen welche gab.

Mit Krapfen konnte man mir wirklich eine Freude machen, während mich Fleisch oder gar der fette Speck, den die Bauernkinder assen, gar nicht reizte. Tante Rosi arbeitete öfter beim Moosbichler oder beim Lichtlmüller, dann holten wir sie abends ab, und die Bäuerin war stets freigebig mit den guten Mehlspeisen.

Die alte Resi, eine ledige Tante der Moosbichlerin, die bei ihnen am Hof wohnte, ging manchmal bei uns vorbei, dann fragten wir sie, weil wir die Antwort schon auswendig kannten und immer wieder darüber lachen mussten:

„Na Resi, habt ihr viel Arbeit? Was macht ihr denn gerade?“

„Eräpfl grab´n, Laubert heig´n“, was so viel hiess wie: Erdäpfel ausgraben und Laub zusammenrechen.

„Ja gelt, Eräpfl grab´n, Laubert heig´n, Kürbis dresch´n und Kleespriessel spitz`n“ witzelte der Friedl.

„Jaja, ´s gibt immer was z´toa“, antworte Resi und merkte gar nicht, dass sie geneckt wurde. Sie gab immer die gleichen Antworten, egal, ob es Frühling, Sommer, Herbst oder Winter war.

Einmal im Jahr schickte der Schmied, der für kleinere Reparaturen im Haus zuständig war, die Rechnung,. Dieser Tag war stets eine Quelle grosser Heiterkeit: Einmal kam sie, als gerade Mutti zu Besuch war. Sie las daraus vor:

Am 10. Februar: eine Dirschnäule gefliegt. Das sollte heissen: eine Türschnalle geflickt.

Am 25. April: einen Sänsenschtill angemacht; hergem. Das hiess im Klartext: einen Sensenstiel eingesetzt, hergegeben, also mitgeliefert.

Am 15. August: einen Hengl ans kisdl mondiert. Das hiess: einen Henkel an ein Kistchen montiert

Von Rechtschreibung hatte der Schmied keine Ahnung, aber egal, er war ein selbstständiger Handwerksmann, der Rechnungen schreiben konnte, während wir samt unserer guten Rechtschreibung mit dem zufrieden sein mussten, was man uns zahlte. Diesen Unterschied habe ich damals schon begriffen.

Ein paarmal war es in der letzten Zeit vorgekommen, dass Frau Hoflehner ganz schnell das Klassenzimmer verlassen hatte und käsebleich wieder zurück gekommen war. Irgendwas musste ihr fehlen. Hoffentlich war es nichts Schlimmes! – Wir erzählten es zu Hause, und Tante Rosi und meine Grossmutter sahen sich vielsagend an, schwiegen aber, zumindestens vor uns Kindern.

Es vergingen mehrere Wochen, da tuschelte auf dem Heimweg von der Schule die Schmiedleitner Martha mit der Elli, sie stiessen sich an und lachten, aber sie wollten ihr Geheimnis nicht preisgeben. Doch etwas hatte ich schon davon mitbekommen, es hatte mit Frau Hoflehner zu tun.

So schaute ich mir am anderen Tag die Lehrerin etwas näher an: Tatsächlich, der Bauch war ganz schön rund, das konnte man sehen, obwohl sie eine Bluse trug, die vornüber fiel. Zu Hause erzählte ich das der Grossmutter. Ich dachte, dass sie mir am ehesten erklären würde, was es damit für eine Bewandtnis hätte.

„Ja, sie bekommt halt ein Kind“ antwortete sie mir.

„Und wie geht das?“ wollte ich wissen.

„Sie muss es neun Monate tragen und dann kommt es zur Welt,“ erklärte sie mir.

„Ist das dann so, wie bei der Lona oder der Lisi?“

„Ja, ganz ähnlich ist es“.

„Grossmutter, du hast doch auch sechs Kinder bekommen. War das bei dir auch so?“, fragte ich weiter. Denn ich wusste, dass meine Grossmutter das deutsche Mutterkreuz erhalten hatte, das nur Frauen bekamen, die mehrere Kinder geboren hatten. Es war eine grosse Auszeichnung, denn der Führer wollte, dass die Frauen Kinder gebären sollten.

„Ja natürlich, bei mir war es auch so.“

„Tut das weh?“, wollte ich weiter wissen.

„Ja, das tut so weh, dass man glaubt, man kann es gar nicht aushalten. Aber wenn es vorbei ist, denkt man nicht mehr dran.“

Damit war ich fürs Erste zufrieden.

„Du, die Frau Hoflehner bekommt ein Kind“, sagte ich am anderen Tag zur Schuster Erna, die die Älteste von uns war, ganz stolz darauf, dass ich eine grosse Neuigkeit wusste.

„Und das merkst du erst heute?“, fragte sie. „Das weiss ich schon lange.“ Ja, und die Elli und die Martha wussten es auch schon lange, ich konnte mit meinem neuen Wissen bei keinem der Kinder landen. Und wie das geht, das wussten sie auch, ebenso, wie das bei den Kühen, bei den Schafen, bei den Katzen ging.

„Sie ist schwanger“, sagten sie. Aha, „schwanger“ nannte man das.

Von da an passte ich auf, ob ich irgendwo eine Frau sah, deren Leib sich rundete, die ein Kind erwartete. Ich freute mich dann immer mit ihr, denn ich hätte selbst gern ein Geschwisterchen gehabt und beneidete alle Schulkameraden um ihre Geschwister. Zum Beispiel die Ganglbauer Mitzi. Sie waren zu Hause zwölf Geschwister. Und ihre Mutter hatte zweimal Zwillinge und einmal sogar Drillinge geboren. Aber ich blieb ein Einzelkind, hatte keine Brüder, keine Schwestern und daher auch später keine Neffen und Nichten. Diese Tatsache blieb in meinem Leben immer ein grosses Minus. Auch der sicher gut gemeinte Satz meiner Verwandten: „Dann müsstest du ja alles teilen", konnte mich über mein Eínzelkinderschicksal nie hinweg trösten. Was hätte es denn schon gegeben, das ich nicht gerne geteilt hätte?

Viele Mütter brachten damals ihr Kind noch daheim zur Welt. Wenn sie dann mit dem Neugeborenen im Wochenbett lagen, durften wir manchmal einen Besuch machen, um das Baby zu sehen, das das Haar zu einer Tolle gerollt, die winzigen Händchen mit den kleinen Fingerchen zu Fäusten geballt, im Arm der Mutter lag und schlief.

Und die Mütter machten immer einen sehr glücklichen und entspannten Eindruck. Ihre Schmerzen waren wirklich vergessen, wie es die Grossmutter erklärt hatte. Und die Frauen sahen ausserdem jünger und hübscher aus als vorher.

Ich aber machte mir Gedanken, auf welche Weise die Frauen zu ihren Kindern gekommen waren. Mussten sie sich einfach nur fest genug eines wünschen? Aber das hatte ich doch oft genug getan und es hatte nichts genützt, und ich hätte doch so gerne ein solch süsses Baby als Brüderchen oder Schwesterchen gehabt. Es hatte es auch nie etwas geholfen, wenn ich auf den Rat der Erwachsenen, als ich noch klein war, einen Zettel mit meinem Wunsch für den Storch auf das Fensterbrett gelegt hatte. Dahinter musste ich unbedingt noch kommen.

Die geliebte Grossmutter und ihr Schicksal

Meine Grossmutter hat in meinem Leben eine sehr zentrale Rolle gespielt. Sie hatte immer viel mehr Geduld als die anderen Erwachsenen und hatte es auch nie so eilig wie diese. Heute weiss ich es: Es war die Zeit, die sie sich für uns nahm. „Ich habe keine Zeit", diesen Satz habe ich von ihr niemals gehört. Zeit haben, das zählte zum Kostbarsten, das es für mich, wohl für jeden jungen Menschen, gab.

Sie hat mir gezeigt, wie man eine Kartoffel schält und einen Knopf annäht. Wie sich meine kleinen ungeschickten Kinderhände zum ersten Mal mit den Stricknadeln abmühten, da hat sie mir geduldig immer wieder die heruntergefallenen Maschen aufgehoben und mir beigebracht, wie aus einem Knäuel Wolle ein Schal oder ein Socken wird.

So ausgefallen und neugierig konnte eine Frage nicht sein, dass sie sie nicht beantwortet hätte. Und immer war die Antwort so, dass ein Kind sie leicht verstehen konnte. Meine Grossmutter war eine einfache Frau. Vielleicht war es ihr deshalb möglich, sich für ein Kind verständlicher auszudrücken als eine Frau mit einer höheren Ausbildung. Ihr konnte ich jeden kleinen und grossen Kummer anvertrauen.

War irgendwo etwas schief gegangen, hatte ich etwas angestellt, zu wem ging ich dann und klagte mein Leid? Zur Grossmutter. Irgendwie brachte sie die Sache wieder ins Lot. Jedenfalls fiel dank ihrer Fürsprache bei den Eltern eine Strafe viel weniger streng aus, als dies ohne ihre Hilfe der Fall gewesen wäre, und manchmal gar gelang es ihr, dass meine kleinen Sünden gar nicht offenbar wurden.

Stets hat sie mich getröstet, wenn ich weinte, meinen Kummer ernst genommen und meine Tränen getrocknet. „Es wird schon wieder gut", waren ihre Worte. Und tatsächlich: es wurde wirklich sehr rasch wieder gut.

„Geh, und bete einen Vaterunser zum heiligen Antonius", sagte sie wohl manchmal, wenn ich verzweifelt etwas suchte, was ich in meiner chronischen Unordentlichkeit verlegt hatte und absolut nirgends finden konnte. Ich tat immer, wie geheissen und das verschwundene Ding kam prompt wieder zum Vorschein. Kein Wunder, dass ihr Rezept mehr bei mir mehr wirkte, als die strengen Worte meiner Mutter, welche kritisierte: „Wenn du die Sachen immer an den gleichen Platz legen würdest, dann würdest du sie finden."

Meine Grossmutter allein konnte mich auch davon überzeugen, dass es gesund sei, Milch zu trinken. Milch, die ich früher überhaupt nicht mochte, trank ich, weil ich meiner Grossmutter glaubte, dass ich davon gross und stark würde.

Aus ihrem faltigen Gesicht blickten zwei gütige Augen. Sie trug einen dünnen altmodischen Haarknoten und immer eine Schürze. Wenn sie las oder handarbeitete, setze sie eine Brille auf, die sie auf die Nasenspitze schob, wenn sie von ihrer Arbeit aufsah. Ich musste immer lachen, wenn sie das tat. Sie pflegte zu sagen: „Ich habe als Kind auch immer gelacht über die alten Leute, mit ihrer Brille auf der Nasenspitze, aber du wirst schon sehen, du wirst es einmal genauso machen, wenn du einmal so alt bist wie ich!"

Am meisten liebte ich es, wenn die Grossmutter in Schubladen und Schachteln kramte, da kamen vergilbte Fotos und Ansichtskarten zum Vorschein, alte Hüte, die einst hochmodern waren, eine steife Haube, die mit Perlen bestickt war und früher an Festtagen zur Tracht getragen wurde, Kleider mit Rüschen, Fältchen und Spitzen. Sie erlaubte, dass ich sie anprobierte und damit vor dem Spiegel hin- und her stolzierte.

Meine Grossmutter konnte einen grossen Berg Wolle, wie sie die Bauern nach der Schafschur zu ihr brachten, auf dem Spinnrad zu feinem Wollgarn spinnen. Wenn im Winter draussen der Schnee in dichten Flocken vom Himmel fiel und alles in weiches

Weiss hüllte, dann schnurrte ihr Spinnrad. Vorher musste sie die Wolle auf einer Reissbank verfeinern. Das war eine Bank, auf die man sich bei der Arbeit rittlings drauf setzte. Sie hatte vorne einen Pflock mit einer quadratischen Fläche, aus der viele Metallstifte nach oben standen. Der Deckel hatte an seiner Unterseite ebensolche Stifte. Die Wolle kam zwischen die beiden Flächen und wurde so bearbeitet, also „gerissen". Wir Kinder mussten dann die einzelnen Wollbüschel mit den Fingern ganz fein auseinander zupfen, bevor sie sie auf ihrem Spinnrad spann.

Im Sommer ging sie in den Wald hinaus und schnitt mit der Sichel das Seegras, das zwischen den jungen Bäumen wuchs. Zu Hause hängte sie es auf Heuleitern und liess es im Schatten trocknen. Dann besorgte sie sich vom Schuster Holzleisten in verschiedenen Grössen. Über diese Leisten zog sie einen Wollsocken. Dann flocht sie das Seegras zu Zöpfen und nähte diese darauf. So wurden daraus sehr warme und leichte Pantoffeln, die die Bauern in der näheren und weiteren Umgebung überaus schätzten. Eine Sohle, die man während der Kriegszeit aus ausgedienten Fahrradreifen aufnähte, gab den Pantoffeln zusätzlich noch mehr Stabilität und Haltbarkeit.

Das Spinnen und das Nähen von Seegrasschuhen verschaffte uns so manche zusätzliche Lebensmittel von Bauern, die wir selbstverständlich gut gebrauchen konnten. Meistens wurden wir Kinder geschickt, um die fertige Wolle und die Schuhe abzuliefern. Dies führte uns, mich und Herbert, zu weit entlegenen Höfen. Doch wir hatten ja Zeit, und diese Wanderungen machten erst noch Spass.

Viele Dinge, die man heute nur noch aus Büchern kennt, habe ich bei meiner Grossmutter gelernt und gesehen und weiss über Arbeitsgänge Bescheid, die in unserer hochtechnisiserten Zeit längst irgendwelche Maschinen übernommen haben.

Fehlte uns einmal etwas, etwa dass wir Bauch- oder Zahnschmerzen hatten, so wusste sie garantiert ein Mittelchen, das dagegen half, ohne dass man deswegen gleich zum Arzt oder gar ein paar Stunden weit zur Apotheke laufen musste. Sie besass einen Schrank, wenn sie den öffnete, entströmte ihm ein besonderer Duft, eine Mischung aus Thymian, Lavendel und anderen Kräutern. Diesen unvergleichlichen Duft werde ich nicht vergessen, solange ich lebe. Er bleibt ein Stück meiner Kindheit.

Dabei hat es mit meiner Grossmutter in jungen Jahren nicht gerade zum Besten gestanden und meine Mutter hat mir später, als ich schon älter war, von ihrem Schicksal erzählt.

Sie muss, als sie jung war, ein hübsches Mädchen gewesen sein. Als mein Grossvater, ein gelernter Hammerschmied aus Niederösterreich auf seinen Wanderjahren in ihr oberösterreichisches Dorf gekommen war, hat er sich sofort in sie verliebt und sie geheiratet.

Ziemlich rasch kamen die Kinder: Zuerst Tante Rosi, dann Onkel Sepp, Tante Lisa, Franziska, meine Mutter, schliesslich noch Hans und die verstorbene Schwester, das Reserl.

Schon nach dem dritten Kind zeigte sich, dass die junge Frau seelisch nicht besonders stabil war. Aber damals wusste man noch nichts von Wochenbettpsychosen, von vegetativen Störungen oder psychischer Erschöpfung.

Heute würde man sagen, sie sei körperlich und seelisch stark überfordert gewesen. Sie verliess öfter das Haus und irrte stundenlang in Feld und Wald umher, vernachlässigte die Kinder, schloss sich in ein Zimmer ein und weinte vor sich hin. Niemand war da, der sich um die Kleinen kümmerte, und so musste Tante Rosi von frühester Jugend an, bei ihren Geschwistern die Mutterstelle vertreten.

Wenn der Vater in der Arbeit war und ihre Mutter wieder einmal wo umherirrte, blieb Tante Rosi mit den Geschwistern allein im Haus. Zog ein Gewitter auf, so erzählte Tante Rosi, kroch sie mit den Kindern vor Angst unters Bett, wenn es blitzte und der Donner krachte und machte sich erst noch Sorgen um die Mutter. Die kam dann durchnässt und mit aufgelöstem Haar nach Hause und sank vor Erschöpfung aufs Sofa.

Der Grossvater arbeitete damals schon als Bergmann in der Zeche und hatte zudem einen sehr weiten Weg täglich bei Wind und Wetter zurück zu legen. Von Geburtenkontrolle wusste man damals noch nichts, die Kinder kamen eben, und dies in viel zu kurzen Abständen. So geschah es, dass Tante Lisa nach Wien zu Grossvaters Schwester übersiedelte, die dort mit einem Polizeibeamten verheiratet war. Franziska, meine Mutter wurde von den Eltern meiner Grossmutter, die in einem weit entfernten Dorf lebten, aufgenommen.

So wuchs meine Mutter bei ihren Grosseltern auf, Tante Lisa in Wien, die anderen drei blieben im Elternhaus zurück, und irgendwie ging es schliesslich doch weiter. Die Leute zerrissen sich damals die Mäuler, es sei keine Art, die Kinder einfach so zu verteilen. Verständnis bewiesen die wenigsten. Fürsorgestellen gab es noch keine, die sich um die Familie hätten kümmern können.

Die meisten Leute waren der Meinung, das grosse Los hätte Tante Lisa gezogen, denn sie kam in die Stadt, besuchte dort die Schulen, ja sogar die Handelsschule und durfte als Einzige einen Beruf lernen. Tante Lisa hat es später etwas anders erzählt. Ihre Tante Anna war abnormal streng, Lisa bekam viele Ohrfeigen und wenig Liebe. Was Mutterliebe war, sagte sie mir einmal, hat sie nie erfahren. Die Tante erwartete aber von ihr Dankbarkeit dafür, dass sie sie gross gezogen hatte und drohte ihr bei jeder Gelegenheit damit, sie wieder zurück zu ihren Eltern zu schicken, wenn sie nicht gehorsam genug war. Da Tante Lisa bei ihrer Übersiedlung nach Wien noch ziemlich klein gewesen war, konnte sie die Gründe der Trennung noch nicht verstehen, sie glaubte damals daran, dass es ihr zu Hause sehr schlecht gehen würde.

Als Tante Lisa ihre Ausbildung vollendet hatte, zog sie so schnell sie konnte, von daheim aus und übersiedelte in ein Heim für ledige Frauen, bis sie die Stelle bei dem Rechtsanwalt fand, der ihr gleich auch noch die Wohnung vermietete.

Mutti lebte also bei ihren Grosseltern, in einem Dorf, das drei Wegstunden entfernt lag. Sie hat von ihnen nie anders als in warmen Worten gesprochen, und dies, obwohl es in ihrem Haus bescheiden zuging und sie von Kindheit an viel arbeiten musste. Ihr Grossvater war ein sehr tüchtiger Korbflechter, der sich nie über Mangel an Arbeit beklagen konnte. Ich habe ihn nicht mehr gekannt, denn er ist lange vor meiner Geburt gestorben. Aber Mutti hat mir oft von ihm erzählt. Er soll ein ausserordentlich intelligenter Mensch gewesen sein, der von den Dorfbewohnern immer dann um Hilfe gebeten wurde, wenn jemand etwas Schriftliches zu erledigen hatte. Er wusste Bescheid über das Recht und besass ein hervorragendes Gedächtnis. Wenn meine Mutter für die Schule ein Gedicht lernen musste und es vor sich hin memorierte, dann pflegte er zu sagen: „Was, du kannst es immer noch nicht? Ich kann es schon lange“, und dabei war meine Mutter sehr schnell mit dem Auswendiglernen.

Ging er in ein Geschäft und das Ladenfräulein nahm einen Bleistift und Papier zur Hand, um die Rechnung zu machen, dann sagte er: „Tu weg deinen Bleistift, ich habe es schon lange gerechnet. Es macht soundso viel.“

Meine Urgrossmutter hatte es weniger mit der Theorie. Nach Muttis Erzählungen konnte sie gerade noch ihren Namen schreiben. Aber sie war ein äusserst praktisch veranlagter Mensch, und in dem Dorf, wo sie wohnten, holte man fast nie einen Doktor sondern immer die alte Wagnerin. Auf ihre Künste schwörten die Leute, sowohl was ihre Hausmittel betrafen, als auch auf ihre Qualitäten als Krankenpflegerin.

Ganz dunkel zurück erinnere ich mich an sie. Sie war krank und lag im Bett, als Mutti sie mit mir besuchte. Und ich bespritzte sie mit Weihwasser, wie es mich die Erwachsenen gelehrt hatten, tat dies aber so gründlich, dass sie vom Bett aus rief: „Franzi, komm schnell, das Kind macht mich ja ganz nass!“

Weder Tante Lisa noch Mutti liessen es ihre eigenen Eltern je spüren, dass sie es zugelassen haben, dass die Familie in früheren Jahren so auseinander gerissen worden war. Sie hielten im Gegenteil von Grossmutter fern, was ihr hätte wehtun können und liessen auch Grossvater gegenüber nie ein Wort des Vorwurfs fallen.

Das Mutterkreuz, das man ihr als sechsfacher Mutter verlieh, war kein Ersatz für die seelischen Schmerzen, die sie durchlitten hatte. Dass sie dringend Hilfe nötig gehabt hätte, hat niemanden interessiert.

Immer, wenn es Herbst wurde und die Tage oft trüb und dunkel waren, kam es vor, dass sie sich in der Kammer einschloss, Selbstgespräche führte oder vor sich hin weinte. Es war, soweit ich es heute verstehe, ein klassischer Fall von Depressionen, an denen sie zeitweise immer noch litt, von denen man aber in der damaligen Zeit noch viel zu wenig wusste…

Die empfindsame Seele ist ihr geblieben, sie hatte nahe am Wasser gebaut. Es brauchte nicht besonders viel, dass bei ihr die Tränen flossen, egal ob vor Kummer, Rührung oder Freude. Grossmutters Tränen waren meine erste Erfahrung mit Freudentränen, denn ich brauchte eine ganze Weile, um zu verstehen, dass Erwachsene auch dann weinten, wenn ihnen nichts wehtat, wenn sie keinen Kummer litten, sondern wenn sie sich freuten.

Ich nehme es voraus: Meine Grossmutter hat ein hohes Alter erreicht, sie ist an Altersschwäche gestorben. Als sie starb, ging mit ihr ein ganzes Stück einer glücklichen Kindheit dahin. Die Erinnerungen an sie und an das, was sie mir alles mitgegeben hat für mein späteres Leben, sind ein Teil meiner selbst, sind mein Eigentum geblieben.

Tauschhandel und Hamstern

Die Nachrichten von der Front wurden ständig schlimmer. In den Städten gab es immer mehr zerbombte Häuser und viele Familien, die kein Dach über dem Kopf hatten, flüchteten aufs Land.

Einige wohnten bei Bauern in einem Zimmer, halfen etwas mit bei der Landwirtschaft oder die Frauen in der Küche und erhielten von den Bauersleuten Milch, Brot, Eier, Gemüse als Zubesserung zu ihrer schmalen Lebensmittelration.

Und dann die Sache mit den Hamsterern: Fast kein Tag verging, ohne dass jemand vorbei kam, um die zu klein gewordenen Mäntelchen, die Hosen und Kleider der Kinder oder andere Gebrauchsgegenstände aus dem eigenen Haushalt gegen Lebensmittel einzutauschen. „Hamsterer" wurden diese Leute genannt. Sie gaben manchmal buchstäblich das Letzte, was sie eben noch entbehren konnten, nur um wieder etwas Essbares zu ergattern.

Die Regierung sah das sehr ungern, wenn die Leute aufs Land zum Hamstern fuhren. Sie sollten sich den anderen gegenüber keine Vorteile erschleichen dürfen. Und wir haben auch von Fällen gehört, da man ihnen das Hamstergut am Bahnhof bei der Rückkehr einfach abgenommen hatte.

Viele dieser Leute kamen aus dem Salzkammergut, das zum oberösterreichischen Traunviertel und zum Teil zur Steiermark gehört. Dort hatten sie noch weniger zu essen, weil die Gegend zwar paradiesisch schön ist, mit ihren Bergen und Seen, aber dafür sehr karg. Wenn Herbert und ich uns aufmachten, um den eine Dreiviertelstunde langen Weg bis zum Haus von Onkel Sepp zu gehen, so mussten wir einen steilen Weg nehmen und kamen auf eine Anhöhe. An klaren Tagen konnte man von dort bis ins Gebirge hineinsehen, und ein beliebter Sport war es, zu zählen, wie viele Schritte vorwärts es noch waren, bis der Traunstein auftauchte. Dort gewesen waren wir noch nie, aber wir stellten es uns sehr schön vor, den Berg einmal von der Nähe zu sehen, an dessen Fuss der Traunsee lag. Wir kannten die Gegend nur vom Geografieunterricht in der Schule.

Ich nehme jetzt etwas vorweg: Mein späterer Mann stammte aus dem Salzkammergut, aus einer Gemeinde am Traunsee. Er erzählte mir, dass er als Heranwachsender oft solchen Hunger hatte, dass er sich im Garten eine Gurke abschnitt und sie ass, um den ärgsten Hunger zu stillen. Wenn ich ihn doch schon früher gekannt hätte! Mit ihm hätte ich mein Essen am liebsten geteilt.

Auch zu uns kamen sie, die Hamsterer, jedoch hatten wir nur selten etwas zum Tauschen. Dennoch gab meine Grossmutter jedem irgendetwas, und wenn es nur ein einziges Ei war, oder ein kleiner Sack Nüsse von unserem Nussbaum, ein paar Äpfel oder ein Stück Butter. Sie schickte niemanden mit ganz leeren Taschen weg. „Ich wäre auch froh, wenn ich von wem was bekäme, wenn ich nichts zu essen hätte. Und wir kommen schon irgendwie durch," pflegte sie zu sagen.

Einmal kam ein älterer Mann und fragte, ob er nicht irgendeine Arbeit machen könne, zum Beispiel Messer schleifen.

„Da ist einer draussen, der kommt daher wie der Hackl-Unter und will Messer schleifen", sagte Tante Rosi zur Grossmutter. Der Hackl-Unter ist im deutschen Kartenspiel der Eichel-Unter, der auf den Bildern ganz ordentlich aussieht. In der Sprache meiner Verwandten aber war einer, der daherkam, wie der Hackl-Unter einer, der in recht desolatem Aufzug herumlief.

Sie brachten ihm die Messer und Scheren. Er arbeitete länger als eine Stunde und als sie ihn dann fragten, was er für seine Arbeit möchte, da lachte er und antwortete: „Ein Ei."

„Was, ein Ei?" fragte meine Grossmutter ungläubig „ das ist ja viel zu wenig, so lange, wie du geschliffen hast."

„Ja, sagte der Mann, „aber wenn ich überall auch nur ein Ei bekomme, so habe ich am Abend genug Eier, dass sie mir wieder für ein paar Tage reichen.“ Kopfschüttelnd ging die Grossmutter in die Kammer und brachte ihm fünf Eier und der Grossvater schnitt ihm ein grosses Stück Brot vom Laib.

Der Hackl-Unter bedankte sich. „Vergelt‘s Gott vielmals“, sagte er und zog weiter.

„Mein Gott,“ sagte Tante Rosi „schön weit haben wir´s gebracht! Da arbeitet einer den ganzen lieben langen Tag, nur für ein paar Eier.“

Hochzeiten, Feiern und Dorftratsch

Überall, wo Menschen zusammenleben, spielen sich Dramen ab, wie auf einer riesigen Bühne. Das Dorf, in dem ich die letzten Kriegsjahre und das Kriegsende erlebte, gehört zu einem grossen Kirchspiel, zu einer Gemeinde, die aus vielen kleineren Dörfern und Weilern und einigen recht abgelegenen Höfen besteht. Weil zu dieser Zeit fast niemand ein Auto hatte, fuhren viele Leute am Sonntag, angetan mit ihren besten Kleidern und die Frauen oft sogar mit einem Hut auf dem Kopf, auf dem Rad zur Kirche.

Im Hauptort steht auf einem Hügel die Kirche St. Laurentius, ein schöner barocker Bau, umgeben vom Friedhof. Jeden Sonntag lasen der alte Pfarrer oder der Hiatzana die Frühmesse und das Hochamt. Es sang immer der Kirchenchor, und zwar mit Orchesterbegleitung. Oberlehrer Stelzer spielte die Orgel und einer von den Schulbuben trat den Blasebalg. Während der Messe ging der Mesner mit dem Klingelbeutel durch die Reihen und sagte nach jeder Spende sein „Vergelt´s Gott."

„Hast du´s gesehen, die Neidhamerin hat eine Zehnernote in den Klingelbeutel getan", sagte die Rohrmoserin zur Holzinger Mitzi.

„Ja, da tut sie gross. Wenn es jeder sieht, dann schmeisst sie eine Papiernote in den Klingelbeutel, aber ihrem Knecht schaut sie auf den Teller, wenn der sich beim Essen noch einen Knödel herausnimmt. Und beim Speck und beim Most sparen sie auch beim Neidhamer."

„Ja, umsonst heissen sie nicht Neidhamer. Er, der Bauer wäre schon recht, aber sie ist eine Zange, die kann nie genug kriegen."

„Hast du´s schon gehört? Die Grossdirn vom Bachler heiratet. Sie hat ihre ganze Aussteuer schon beisammen. Die Wohnungseinrichtung steht auf dem Dachboden. Schöne Möbel hat sie sich gekauft. Bin neugierig, wer dort einsteht. Wär ein guter Platz beim Bachler." Normalerweise wurden die Stellen bei den Bauern immer zu Maria Lichtmess gewechselt, also am zweiten Februar. Wieso sich dies ausgerechnet zu Maria Lichtmess eingebürgert hatte, weiss ich nicht. Auch über den Stellenwechsel wurden sich die Bauern und die Dienstboten meistens auf dem Kirchenplatz nach der Messe einig.

Am Sonntag, nach dem Hochamt, versammelten sich die Messebesucher und auch die anderen, die nicht in der Kirche waren, sondern in einem der drei Gasthäuser den Frühschoppen genossen hatten, auf dem Kirchplatz. Ein Gemeindebeamter stellte sich auf die Friedhofsmauer und las der versammelten Gemeinde im Auftrag des Bürgermeisters die neuesten Nachrichten und Verlautbarungen vor. So wusste jeder, woran er war, was es Neues gegeben hatte und wenn jemand fragte, woher diese oder jene Meldung stammte, dann hiess es, die wurde am Sonntag auf dem Kirchenplatz „verschrieen". Was es sonst noch zu erfahren und zu wissen gab, besprachen die Bauern ebenfalls nach der Messe auf dem Kirchenplatz. Und dann war es üblich, dass ein paar Bläser der örtlichen Blasmusik ein Stück spielten, denn es gab im Ort viele musikalische Talente und sie beherrschten ihr Instrument meisterhaft. Da konnte man zum Beispiel ohne weiteres solche Stücke, wie den Triumphmarsch aus „Aida" hören.

Einen grossen Anziehungspunkt bildeten die Hochzeiten. Wenn ein Grossbauer heiratete, war der ganze Ort auf den Beinen, keiner wollte sich den prächtigen Brautzug entgehen lassen. Da marschierte natürlich die Blasmusik in schmucken Uniformen auf, Kinder in Festkleidern streuten dem Brautpaar Blumen, dahinter folgten Frauen in Trachten und mit prächtigen Goldhauben. Je reicher der Bauer, desto mehr Goldhauben-Frauen waren es. Wir, die kleinen Leute, waren natürlich nur Zaungäste, die den Prunk und das Schauspiel dennoch mit Vergnügen verfolgten.

Am Abend wurde in allen drei Gasthöfen getanzt, wenn möglich, noch die Braut gestohlen und gefeiert bis in die frühen Morgenstunden. Dann ging man wieder zur Tagesordnung über, bis zur nächsten Hochzeit oder zur nächsten Leich. Öfter, wenn gerade wieder ein grosses Begräbnis stattgefunden hatte, pflegte der Grossvater eine Episode von früher zu erzählen:

Ein Kleinbauer kam mit seinen zwei Söhnen an die Leichenfeier seines Vetters, eines reichen Bauern. Anschliessend wurde im Gasthof das Totenmahl aufgetragen. Da sagte der Vater zu seinen Buben: „Jörgl, iss! Peperl iss! Alle Tag stirbt ka Vetter."

In der Nähe meiner Grosseltern wohnte der Haiböck. Sein Höflein war nur mittelgross. Seine Frau, die Mariedl, hatte eine uneheliche Tochter in die Ehe mitgebracht, die Sophie. Sophie ihrerseits war Mutter von zwei ebenfalls unehelichen Kindern, aber weit und breit war kein Vater zu sehen, und das ganze Dorf munkelte, dass der Haiböck selbst der Vater war. „Schaut´s euch nur einmal den Franzi an, der hat doch genau das Gesicht vom Haiböck", sagten die Leute.

Ich begann zu grübeln, wieso der Haiböck Franzi das Gesicht vom alten Haiböck hatte. Was hatte denn der eigentlich mit der Sache zu tun? Wie kommt die Sophie zu einem Kind, das das Gesicht von ihrem Stiefvater hat? Darüber wollte ich Bescheid wissen.

Und nun war die Sophie schon wieder schwanger. Das gab den Gerüchten neue Nahrung, und zu gern hätten die Leute gewusst, was die Haiböckin selbst dazu sagte, wenn der Bauer mit seiner Stieftochter unter ihren Augen ein Gspusi hatte, wie sich die Leute ausdrückten. Aber sowohl diese, als auch Sophie selbst schwiegen eisern, und der alte Haiböck erst recht.

Ich hörte, wie die Grossmutter zu Tante Rosi sagte:

„Es ist das Gescheiteste, wenn sie nichts sagen. Es gibt ihnen ja keiner was und sie müssen selbst dazuschauen, wie sie fertig werden."

„Bis das Kind auf der Welt ist, wird schon wieder etwas Neues geschehen, dass sich die Leute die Mäuler zerreissen können", stimmte ihr Tante Rosi zu.

Ich hatte mir fest vorgenommen, die Grossmutter danach zu fragen, wie die Frauen zu ihren Kindern kommen. Sie würde es mir schon erklären. Sie hatte mir noch immer alles erklärt. Aber dass mit dem Haiböck und der Sophie nicht ganz alles mit rechten Dingen zuging, hatte ich den Erzählungen der Erwachsenen entnommen. Ob ich sie auch danach fragen wollte, wusste ich noch nicht.

„Ja weisst du, wenn sich ein Mann und eine Frau sehr gern haben, dann schlafen sie miteinander", sagte sie. „Und wenn sie ganz eng beisammen sind, dann gibt der Mann was von seinem Körper der Frau und daraus wird dann das Kind."

Also so war das. Ich gab mich fürs erste zufrieden mit dieser Antwort. Dennoch dachte ich eine Weile darüber nach, ob das mit dem Gernhaben wirklich ganz richtig war. Ich musste an den Hödlbauern denken. Der Mann war mit seiner Frau so grob, und wenn er schlecht gelaunt war, rief er ihr alle Schimpfnamen nach. Und dabei bekam sie fast jedes Jahr ein Kind. Fünf hatten sie schon. Irgendwas konnte diesmal nicht ganz stimmen, was mir die Grossmutter da erzählt hatte. Wenn aber doch was dran war, schloss ich, dann hatte der alte Haiböck eben die Sophie lieber als seine Frau. Aber er konnte sie ja nicht heiraten, weil er bereits verheiratet war. Eigentlich logisch.

Einmal gingen wir in der Christnacht von der Mitternachtsmette nach Hause. In der Kirche sang der Chor eine feierliche Messe und das „Ehre sei Gott in der Höhe!". Weihrauch umhüllte den Altar mit einem zarten Schleier und dann erklangen die schönen alten Weihnachtslieder. Mir kommt immer vor, früher hatten wir öfter weisse Weihnachten als jetzt. Jedenfalls waren wir mit einer Sturmlaterne zur Kirche gegangen, Tante Rosi hat sie hinter einem verschneiten Grabstein versteckt, damit wir sie für den Heimweg wieder hatten. Einige Nachbarn gingen die gleiche Strecke. Als wir etwa den halben Weg zurückgelegt hatten, lag etwas Dunkles auf der Strasse. Oh je, das war ein Mensch! Erschrocken blieben alle stehen, um zu sehen, was passiert war. Vielleicht war jemandem schlecht geworden. Aber es war niemandem schlecht geworden. Die Gestalt, die auf dem Boden lag, war der Hias, ein Knecht vom Berghamer. Und er war sternhagelvoll betrunken. Ein paar Burschen holten einen Leiterwagen, luden den Hias auf und brachten ihn nach Hause. Sie konnten ihn doch nicht auf der Strasse liegen lassen, denn dort wäre er ja erfroren.

Im Volk machte ich grosse Entrüstung breit. „ Wie kann man sich derart besaufen, dass man nicht mehr weiter kann“, tönte es. „Ja, und das erst noch am Heiligen Abend“, kommentierte ein anderer. Nun, es war merkwürdig, dass sich ein Mensch dann, wenn alle andern feiern, sinnlos betrinkt, statt in die Kirche zu gehen und zu beten und zu singen.

Aber einer wusste etwas mehr vom Hias als die anderen und er sagte es tags darauf mit aller Deutlichkeit.

„Ach Gott, jetzt spielen sie alle die Heiligen, diese Pharisäer! Der Hias hat keinen Vater mehr, und jetzt ist ein paar Tage vor Weihnachten auch noch seine Mutter gestorben. Geschwister hat er auch keine. Jetzt ist er halt Knecht beim Berghamer. Und dort hat er nicht einmal eine eigene Kammer. Sein Bett steht im ersten Stock im Vorhaus, wo an der Wand das Zaumzeug der Rösser hängt und wo alle, die im oberen Stock schlafen, der Bauer und die Bäuerin an seinem Bett vorbei gehen. Für seine paar Habseligkeiten steht neben dem Bett nur ein alter Schrank und ein wackeliger Schubladenkasten. Beim Berghamer haben sie sogar schon eine Badewanne mit einem Boiler. Aber der Hias darf dort nicht baden, er muss sich am Abend in einem Holzschaffel im Vorhaus waschen. Er ist allein auf der Welt. Ist es ein Wunder, dass er sich vor lauter Kummer einen ansäuft?“

Tante Rosi und Grossmutter redeten daheim auch noch einmal über diese Sache, und sie fanden, der Hias sei ein Mensch und kein Stück Vieh und er trägt ein Herz im Leib, aber gewisse Leute haben dort, wo das Herz sein sollte, einen Stein. Ein wenig Zuwendung, ein wenig Anschluss nur hätte er gebraucht, dann wäre so etwas nicht geschehen. „Aber die Bauern rufen eher den Tierarzt, als dass sie das Leid von einem verzweifelten Menschen sehen und versuchen, ihm zu helfen“, befand die Grossmutter. Und sie musste es ja wissen, was seelischer Schmerz bedeutet. Da fiel mir wieder die Neidhamerin ein, die ihre Wohltätigkeit und ihre Frömmigkeit mit einer Zehnernote beweisen wollte. Wie es den Menschen in ihrer nächsten Umgebung ging, kümmerte auch die Neidhamerin herzlich wenig.

Es darf nicht verschwiegen werden, dass sich gerade unter den Bauern einige befanden, die sich im Krieg schwer bereichert haben. Von einem Bauern wurde sogar gemunkelt, er habe nach der Währungsreform in einem Öfelchen heimlich Geld verheizt, damit ihm niemand drauf kommen sollte, wieviel und auf welche Weise er es angehäuft hatte.

In unserem Haus gab es kein überflüssiges Geld. Der Grossvater zog sich an dem Tag, an dem er seine Bergmannspension erhielt, jedes Mal seine besseren Kleider an, setzte den Hut auf, hängte sich die Uhrkette übers Gilet, packte seinen Stock und ging in den Ort zur Raiffeisenbank, um wieder etwas an der Hypothek abzuzahlen.

Ich erinnere mich noch gut an den Tag, als er schon von weitem fröhlich den Stock in der Luft schwenkte, den Hut weit in den Nacken gerückt und rief: „So, jetzt sind wir schuldenfrei!“ Er hatte sein Ziel, ein Haus ohne Hypothek zu haben, erreicht, wenn auch erst im Pensionsalter. Der Grossvater hielt nichts von Schulden, und er war stolz darauf, dass nun jeder Grashalm seines Landes und jeder Stein seines bescheidenen Hauses ihm gehörte.

Die Raiffeisenbank war für die Bauern das wichtigste Geldinstitut, und man erzählte sich im Dorf noch immer die Geschichte, als die Raiffeisenbank vor vielen Jahren eröffnet wurde. Die Bauern erhielten dort Kredite und über die Genossenschaft konnten sie günstig Saatgut und Geräte kaufen. Anderseits mussten sie nicht mit ihren Produkten hausieren gehen, sondern konnten sie der Genossenschaft abliefern und erhielten dafür einen guten Preis und Bargeld.

Aber alles, was neu ist, wird sehr oft mit einer Portion Misstrauen beäugt. Es wurde erzählt, ein Bauer sei einmal von einem entlegenen Weiler im Sonntagsstaat zur Raiffeisenbank gegangen und habe gefragt, wieviel er auf dem Konto habe. Der Bankbeamte nannte ihm den Betrag und der Bauer verlangte sein Geld zurück: Nach langem Rechnen und Denken zählte er dem Bauern das Geld hin. Der Bauer nickte und sagte: „Kannst es wieder in deine Schublade tun, ich hab nur wissen wollen, ob es noch da ist.“

Haushalten und Kochen

Zum grossen Leidwesen meiner Mutter hatte ich so gar nichts von einem Hausmütterchen. Es störte mich nie, wenn Dinge im Zimmer, in der Wohnung herumlagen, Aufräumen war nur ein notwendiges Übel und manchmal, wenn ich wieder etwas suchen musste und sie gut gelaunt war, sagte sie: „Gelt Helli, wer aufräumt, ist nur zu faul zum Suchen. Und da du ein fleissiges Mädchen bist, suchst du sehr oft was." Und wenn wo etwas herumlag, so stopfte ich es schnell in eine Schublade oder in einen Schrank, nur damit es aus dem Weg war. Die Schränke und Schubladen sahen auch dementsprechend aus. Wenn Mutti schlecht gelaunt war und eine solche Unordnung entdeckte, warf sie alle Sachen heraus auf den Boden und verdonnerte mich dazu, alles ordentlich zusammen zu falten und säuberlich in den Schrank zu legen. Der Anblick erfüllte mich hernach zwar mit Freude und Stolz. Aber es blieb meistens nicht lange dabei. Ach, es war so leicht, Ordnung zu machen, aber so schwer, Ordnung zu halten!

Mich störte immer, dass man eine Arbeit, wie Staub wischen, immer nur dann sah, wenn sie nicht gemacht war. Geschirr spülen oder Abtrocknen fand ich todlangweilig, denn es wiederholte sich dreimal am Tag und war immer dasselbe. Bei den Grosseltern musste ich zwar oft das Geschirr spülen. Dann machte mir die Grossmutter das Abwaschwasser in einem Bottich bereit und tat eine Prise Soda hinein. In jedem Haushalt wurde mit Sodawasser gespült. Es war das einfachste und billigste Mittel, davon wurde das Geschirr sauber, aber die Hände rot und rau und rissig. Die modernen Spülmittel von heute, die angeblich beim Abwaschen sogar die Hände pflegen sollen, waren unbekannt.

Den Besen holen und die Stube auskehren und am Samstag den Boden mit Seifenlauge putzen, das war mir schon lieber.

Denn da sah man wenigstens was davon, und in der Stube roch alles neu und frisch. Was ich allerdings mit grösster Begeisterung tat, war kochen. In Wien durfte ich manchmal eine Griessnockerlsuppe kochen, als ich kaum älter als sieben Jahre alt war. Das war eines der ersten Dinge, die ich mir von meiner Mutter abgeschaut hatte. Und ich war mächtig stolz, wenn meine Griessnockerl, die ich mit einem Teelöffel einlegte, auf das Dreifache aufgingen und allen gut schmeckten. Meine Griessnockerl sind noch heute begehrt. Kein Wunder, ihr Ursprung geht auf eine jahrzehntelange Praxis zurück.

Die Rath-Tante war eine ganz vorzügliche Köchin. Wenn es mal ein bisschen Fleisch gab, so machte sie Gulasch und dazu Nockerl. Das Fleisch und die Sosse interessierte mich nicht, aber wie man Nockerl macht, die ich am liebsten nackt und bloss ass, lernte ich bei ihr.

Was lag also näher, als überall, wo ich hinkam, in die Töpfe zu gucken? Von der Grossmutter lernte ich, einen guten Milchrahmstrudel zu machen.

Grossmutters Milchrahmstrudel und anderes

„Was gibt´s heut´Gutes?“, fragten wir und schnupperten, wenn wir von der Schule heimkamen und es aus dem Backofen verheissungsvoll roch:

„Einen `Iss-aus` , einen `Beiss-drein` und eine `Mehlspeis` zum Umhängen`“, gab unsere Grossmutter regelmässig zurück. Ja, eine Mehlspeise gab es wirklich, aber keine zum Umhängen. Es gab nämlich einen Milchrahmstrudel.

Was Wunder, wenn ich mich dafür interessierte, wie die Grossmutter diese Köstlichkeit herstellte:

Aus Wasser, Mehl, ein wenig Salz und ein paar Tropfen Öl knetete sie den Teig, „greif ihn an, dann weisst du, wie fest er sein muss, er darf nicht zu fest sein“, wies sie mich an. Dann deckte sie ihn mit einer Schüssel zu.

„Der ist jetzt müde vom Kneten“, sagte sie, „darum muss er rasten.“

Was dann folgte, war mehr als spannend. Denn nun mussten wir den Strudelteig auf dem mit einem alten Tischtuch bedeckten Tisch ganz dünn ausziehen. und zwar so, dass ja kein Loch entstand. Das brachte ich jedes Mal mit meinen kleinen Fingern, sehr gut zustande.

„Der muss so dünn ausgezogen sein,“ sagte die Grossmutter, „dass man eine Zeitung drunter lesen kann“.

Jetzt kam flüssige Butter auf den Teig und einige Löffel dicker Rahm, dann die blättrig geschnittenen Äpfel und ein wenig Zucker. So, jetzt musste ich nur noch das Tuch an einer Seite hochheben und der Strudel rollte sich ganz von allein auf. Vorsichtig legten wir den Strang in eine längliche Pfanne und schoben sie in den Backofen. Nach einer Weile goss die Grossmutter heisse Milch über den Strudel und schob ihn noch eine Weile ins Rohr, bis die Milch eingezogen hatte. Dies ist ein Rezept von einem Milchrahmstrudel, wie er auf dem Land gemacht wird und er schmeckt himmlisch gut.

Was mich aber besonders stolz machte: Erzählte ich der Grossmutter von einem Gericht, das sie nicht kannte, dann fragte sie: „Na, und wie machst du das?“ Dann zeigte ich ihr, wie ich von Mutti gelernt hatte, Germknödel zu machen, sie mit Marillenmarmelade zu füllen und sie zum Schluss in gemahlenem Mohn, vermischt mit etwas flüssiger Butter zu wälzen. Sie nahm meinen Kochunterricht ganz ernst, schaute mir aufmerksam zu und sagte anerkennend: „Da schaut´s her, wie das Dirndl schon köchelt.“

Die nächste Station machte ich bei der Moosbichlerin und schaute ihr auf die Finger, wenn sie Krapfen backte. Die gab es bei der Grossmutter zwar selten, weil man viel Fett zum Schwimmendbacken brauchte. Aber in späteren Jahren machte ich immer Krapfen für meine Familie. Sie schmecken nicht nur gut, sondern sind ein unauslöschlicher Teil meiner Kindheit geblieben, die Erinnerung an Lini und Nanni, an die Drescherkrapfen bei den Moosbichlers oder Lichtlmüllers.

Mein Kochrepertoire wuchs stetig, es machte Spass zu kochen, denn Kochen, so fand ich schon damals, ist eine kreative Tätigkeit, nicht sowas Eintöniges wie das Geschirrspülen und Staubwischen.

Mutti war wieder einmal zu Besuch und ich hatte tüchtig in der Küche geholfen, hatte für die ganze Familie aus Erdäpfelteig Knödel gemacht, schöne, runde Knödel gefüllt mit einer Mischung aus Wurst, Fleisch und Speck. Alle sassen schon rund um den Tisch. Da rief meine Mutter:

„Na, Helli, was ist? Gibt´s was zu essen oder machen wir heute den Mund leer auf und zu?“ und dazu zückte sie Messer und Gabel in Augenhöhe, als wollte sie die Knödel schon von weitem aufspiessen. Ich musste die Schüssel mit den Knödeln schnell am Herdrand abstellen, denn sonst wäre sie mir hinuntergefallen, so musste ich über den Spruch meiner Mutter lachen. Wenn ich mir vorstellte, dass alle am Tisch sassen und den Mund leer auf und zu machten, womöglich mit Messer und Gabel in der Hand, hatte dies schon was Komisches.

Aber ich gab zurück: „Legt das Messer hin! Knödel isst man nur mit der Gabel, sonst ist das eine Beleidigung für die Köchin."

„Na, wir wollen zuerst sehen, ob man deine Knödel mit der Gabel allein überhaupt essen kann. Vielleicht sind sie ja so hart, dass man sie über das Stadeldach werfen kann, ohne dass sie kaputt gehen", liess sich meine Mutter vernehmen.

Wo immer ich in meinem Leben hingekommen bin und etwas gegessen habe, was mir geschmeckt hat, habe ich gedacht: „Das gibt es bei uns auch. Was kann da drin sein? Sicher ist dies und das drin," kombinierte ich. Meistens ist mir ein neues Gericht gut gelungen, und wenn nicht so gut, so half ein Kochbuch weiter oder der Tipp einer anderen Köchin. Kochen, so fand ich schon immer, hat etwas mit Interesse und Kreativität zu tun.

Mein späterer Mann, der beruflich weit in der Welt herumgekommen war, der ausländische Geschäftsleute zum Essen in gute Restaurants ausführte, sagte mir einmal: „Aber am liebsten esse ich daheim, weil ich das, was du kochst, nirgends bestellen kann, nämlich österreichische Hausmannskost." Ich habe dies stets als Kompliment gewertet.

Nächstenliebe und „Christentum"

Es war schon einmal die Rede vom Christentum, vom gelebten und auch von dem, das sich nur im Wort ausdrückte oder in Aktionen, die das Christentum nach aussen demonstrieren sollten. So wie die Zehnernote von der Neidhamerin für den Klingelbeutel in der Kirche. Auf sie hätte ein Zitat gepasst, das ich erst viele Jahre später einmal wo gelesen hatte: „Wer in die Kirche geht, ist nicht unbedingt ein Christ, genauso wenig, wie er ein Auto ist, wenn er in der Garage steht." Dasselbe gilt wohl auch für den Pfarrer und seine Köchin.

Der Pfarrer war Herr über den grössten Bauernhof in der Gemeinde. Es war ein riesiger Vierkanthof, der so gross war, dass im Innenhof sogar ein paar Tannen wuchsen. Da es nicht gut ging, dass der Pfarrer selbst auf dem Feld arbeitete, hatte er einen Verwalter angestellt, der die Arbeiten auf dem Hof überwachte. In der Küche waltete die Pfarrerköchin. Der Pfarrer war schon etwas alt und meistens schlecht gelaunt. Die Pfarrerköchin passte gut dazu, sie war eine von den Frauen, von denen man sagt, sie hätten Haare auf den Zähnen.

Es wurde erzählt, dass sie jeden Hausierer wegschickte, kein Hamsterer bekam je von ihr auch nur ein Stück Brot, was jeder Bauer traditionell jedem Fremden, der an der Haustür klopfte, gab. Einmal ging eine Frau vorbei, der der Hunger aus den Augen schaute. Vielleicht war sie schon den halben Tag unterwegs und müde. Sie klopfte an der Haustür und bat um etwas zu trinken. Die Pfarrerköchin liess sie nicht einmal in den Hausflur. Aus dem Fenster reichte sie ihr eine Tasse mit gewöhnlichem Brunnenwasser, und die Tasse war an einer Stelle ausgebrochen, so dass die Frau sie drehen musste, um sich nicht den Mund zu verletzen.

Ein anderes Mal, und das habe ich selbst gesehen, fragte eine vorbeigehende Frau, ob sie sich ein, zwei Äpfel aufklauben dürfte, von denen reichlich am Boden lagen. Da übertraf sich die Köchin selbst und sagte in ungewöhnlicher Grosszügigkeit: „Ja, klaub dir nur zwei auf. Schau her, ich gebe dir sogar noch einen dazu." Und dabei lagen so viele davon herum, dass sie nicht wussten, was sie damit anfangen sollten.

Wenn die Zwetschgen reif wurden, ernteten sie auf dem Pfarrhof die Früchte korbweise. Wenn alle Einmachgläser voll waren, andere Zwetschgen in Essig oder Rum eingelegt waren, blieb nur noch übrig, die restlichen zu dörren. Gedörrte Zwetschgen waren eine herrliche Bereicherung zu Hollerröster. Das ist ein Mus aus Holunderbeeren, die gekocht und mit einem Stäubchen Mehl und etwas Rahm gebunden wurden. Getrocknete Zwetschgen oder Birnen geben diesem Mus, eben dem Hollerröster, noch den letzten Schliff. Aber in den Mengen, die am Pfarrhof vorhanden waren, hätten sie für Jahre gereicht. Dies hatte zur Folge, dass die Köchin gedörrte Zwetschgen von zwei oder drei Jahren in einer Kammer aufbewahrte, bis diese einen weisslichen Belag bekamen, wohl vom Zucker, der an die Oberfläche der Dörrfrüchte kam.

Eine Nachbarin erzählte, die Pfarrerköchin hätte sie gefragt, ob sie ihr nicht helfen wolle, die Zwetschgen zu waschen. Sie füllten die Dörrzwetschgen in Drahtkörbe und tauchten sie ins Wasser. Hernach breiteten sie sie auf einem grossen Tuch aus und liessen sie an der Sonne trocknen. Dann verschwanden die Zwetschgen wieder in der Kammer, wahrscheinlich für die nächsten zwei Jahre.

Am Sonntag las der Pfarrer meistens die Frühmesse. Das Hochamt um zehn Uhr hielt der Kaplan. In der Frühmesse sang fast immer der Kirchenchor, im Hochamt durfte der Kinderchor singen, aber das war erst viel später, nachdem der Oberlehrer Stelzer einen Kinderchor gegründet hatte. Der Pfarrer musste sich den Religionsunterricht mit dem Hiatzana teilen. Für ihn muss das eine lästige Pflicht gewesen sein. Kinder liebte er nicht besonders, sie waren halt da und eher lästig. Auf jeden Fall waren sie ihm immer zu laut.

Aber auf die Einhaltung der zehn Gebote hielt er viel, natürlich, er war ja ein Pfarrer. Nur von der christlichen Barmherzigkeit war nicht viel zu spüren.

Eines Tages ging eine Schreckensmeldung durch die Gemeinde. Der Ransmeier Ludwig, hiess es, hat sich aufgehängt. Er hinterliess eine Frau mit drei Kindern. Niemand konnte dies fassen, denn der Ransmeier Ludwig war ein netter, stiller Mann, der nie jemandem besonders aufgefallen war. Der Lichtlmüller sagte, er sei ihm am gleichen Tag noch begegnet, aber er habe ihn nicht gegrüsst, habe getan, als hätte er ihn nicht gesehen. Jedoch der Gemeindeschreiber Stiegler wusste mehr: Der Ludwig, der als Beamter auf der Gemeinde gearbeitet hatte, war schwermütig, erzählte er. Er sei oft wie abwesend durch den Wald gelaufen. Zuerst habe er gemeint, der Ludwig suche Pilze, weil er den Kopf gesenkt hielt, aber bald habe er gemerkt, dass da etwas sein müsse, was ihm fehle.

„Hätte ich doch nur rechtzeitig mit ihm gesprochen, ihn gefragt, was ihn ständig so bedrückt," machte sich der Stiegler Vorwürfe. „Jetzt ist es zu spät". Uns Kindern lief der Schauer über den Rücken. Was Schwermut ist, konnten wir uns in unserer kindlichen Unbekümmertheit gar nicht vorstellen, schon gar nicht, dass sich jemand einen Strick um den Hals legt, um sich selbst umzubringen.

Nur die Grossmutter, die konnte es. Sie wusste, was Depressionen sind, und sie sagte: „Ich weiss schon, wie es ist, wenn dir das Herz so weh tut, dass du dich am liebsten im nächsten Bach ertränken möchtest."

Ein paar Tage später haben sie den Ransmeier Ludwig begraben. Aber einen Platz auf dem Friedhof für seine letzte Ruhestätte gab es nicht. Ausserhalb der Friedhofmauer haben sie für ihn ein Grab ausgehoben. Pfarrer ging keiner mit, nur seine Frau und die Kinder und ein paar Nachbarn standen am offenen Grab. Für Selbstmörder gab es keinen Platz in geweihter Erde.

„Wie einen Hund haben sie den Ransmeier Ludwig verscharrt", sagte der Grossvater traurig. „Er war ein netter Mensch, das hat er nicht verdient."

Neben dem Grab vom Ransmeier Ludwig gab es noch ein zweites, das von der alten Frau Lenz. Sie ging nie zur Kirche und nicht zu den Sakramenten, aber Kirchensteuer zahlte sie, weil sie es wohl versäumt hatte, aus der Kirche auszutreten. Als sie krank wurde, hat sie der Pfarrer besucht und gefragt, ob sie nicht beichten und die Kommunion empfangen wolle. Sie hat ihm geantwortet: „Ein Glaserl Wein wär mir lieber, Herr Pfarrer." So war auch für sie kein Platz am Friedhof, als sie starb, nur einer ausserhalb der Mauer.

Im Religionsunterricht hatten wir sogar einmal gelernt, dass es sehr wichtig ist, ein Kind sofort zu taufen. Geschieht das nicht und das Kind stirbt, so ist es ein Heidenkind, und Heidenkinder haben keinen Platz in geweihter Erde. So war es kein Wunder, dass zur Zeit meiner Kindheit die Taufe praktisch einen oder zwei Tage nach der Geburt stattfand und die Mutter so gut wie nie dabei anwesend war. Die Eile war geboten, denn es starben damals noch verhältnismässig viele Kinder im frühen Alter.

Viel später erfasste ich das Bibelwort: „Richtet nicht, auf dass ihr nicht gerichtet werdet!" und erinnerte mich zurück an die alte Frau Lenz und den armen Ransmeier Ludwig. Hoffentlich war ihnen Gott gnädiger als der alte griesgrämige Pfarrer samt seiner Köchin. Es half mir nicht weiter, dass ich im Religionsunterricht gelernt hatte, Jesus habe sogar dem rechten Schächer verziehen. Sein Bodenpersonal hatte von christlicher Barmherzigkeit, Mitleid und Verzeihen ganz offensichtlich keine Ahnung.

Es war in den Apriltagen des Jahres 1945. Es herrschte eine merkwürdige Stimmung. Wir lebten von einem Tag auf den anderen, waren im Ungewissen, was da noch alles auf uns zukommen würde, aber es schien so, dass alles unaufhaltsam einem Ende entgegen steuerte. Aber welchem? Jedenfalls schien es ein bedeutsames Jahr zu werden.

Das Ende des schrecklichen Krieges

Eines Tages, im April, sah ich plötzlich Mutti über den Wiesenweg auf unser Haus zukommen, einen Koffer in der Hand. Ein Freudenschrei war das erste, was ich ausstiess, dann rannte ich ihr entgegen. Sie war diesmal etwas früher gekommen, jedenfalls völlig unerwartet. Sie lächelte und drückte mich fest an sich und ich konnte gar nicht glauben, dass dieser Tag so viel Glück bringen sollte. Egal, was immer auch geschehen würde, sie war da und nicht im Bombenhagel von Wien. Jetzt jedenfalls konnte uns nichts trennen. Sie war blass und schmal, denn die Post hatte in der letzten Zeit wegen der vielen Angriffe nicht mehr richtig funktioniert. Kaum konnten wir ihr und Tante Lisa ein Paket mit Lebensmitteln senden. Dies war ohnehin immer ein Lotteriespiel. Denn oft blieben die Pakete, wenn sie ihren Bestimmungsort überhaupt erreichten, irgendwo liegen und die Sachen, die drin waren, kamen entweder verdorben an oder die Eier, die wir zwar in weiss Gott wieviel Papier eingewickelt hatten, waren zerbrochen, so dass das Eigelb das ganze Paket verschmierte. Dann stand im Brief: „Ich danke euch vielmals für das Paket, aus den Eiern ist leider eine Eierspeis geworden."

„Wie sieht es in Wien aus?" fragten wir.

„Es ist halt alles kaputt und ich dachte, ich brauche jetzt wirklich einmal ein paar Tage Erholung, ich kann schon fast nicht mehr", sagte Mutti und sank müde auf einen Stuhl.

„Wie lange bleibst du?", das war meine nächste Frage.

„Wie immer, ein paar Tage halt, dann muss ich zurück, ich habe doch Dienst und kann nicht einfach länger wegbleiben."

Es vergingen ein paar Tage, da erschien ganz plötzlich auch Tante Lisa mit ihrer Freundin Lore. Sie hatten eine Unmenge

Kleider an, zwei, drei Sachen übereinander und jede trug einen grossen Koffer.

„Wir haben so viel angezogen, weil wir ja nicht alles in den Koffer brachten. Wir sind auf und davon, denn die Russen stehen vor Wien und da sind wir einfach geflüchtet“, sagten sie.

Plötzlich hiess es, „Adolf Hitler ist gefallen,“ und weiter:

„...er hat in selbstlosem Einsatz sein Leben eingesetzt und den Heldentod gefunden.“ Was wirklich geschehen war, nämlich, dass er Selbstmord verübt hatte, war zunächst noch nicht bekannt, jedenfalls hatte man es der Öffentlichkeit vorläufig noch verschwiegen. Sein Stellvertreter, Admiral Dönitz, wurde der Nachfolger und wir fragten uns, ob wir nun mit „Heil Dönitz“ statt mit „Heil Hitler“ grüssen mussten.

So weit war es nun schon gekommen. Am Abend sassen wir in der Stube, da hörte man ein dumpfes Grollen. „Kanonendonner“, sagte Tante Lisa düster. „Jetzt kommen sie, jetzt geht es zu Ende“.

Ich weiss noch, dass wir Kinder in Panik gerieten bei dem Wort „Kanonendonner“, denn wir waren doch bisher in Sicherheit gewesen, und jetzt sollten Soldaten womöglich in unser Dorf kommen und wer weiss was anstellen. Die Propaganda hatte uns ja die schlimmsten Dinge eingeredet. Ich weiss noch, dass ich in Wien einmal schreiend aus einem bösen Traum erwachte und mich Mutti nur schwer beruhigen konnte. Auf den Plakatwänden klebten Bilder von feindlichen Soldaten mit unmenschlichen, fratzenhaften Zügen und man sah, wie sie Kindern die Zunge aus dem Mund zogen und an der Tischplatte festnagelten und noch mehr solche Grausamkeiten verübten. Damit wollte man wohl dem Volk sagen, was passieren könnte, wenn der brutale Feind die deutschen Kinder erwischen würde. Also musste man diesen Feind hassen, ihn unbedingt besiegen, dass er solches nie tun könne.

Die ersten Panzer fuhren in den Apriltagen durch unser Dorf. Es waren amerikanische Panzer. Deutsche Soldaten, die den Auftrag hatten, bis zum letzten Mann zu kämpfen, verloren in jenen letzten Kriegstagen ihr Leben. Mehrere von ihnen sollen in den Wäldern entlang der Strasse, auf der die Panzer einfuhren, tot gelegen haben. Und es wurde erzählt, dass feindliche Soldaten den Toten die Armbanduhren abgenommen hatten.

In unserem Dorf hängten die Leute weisse Fahnen als Zeichen des Sich-Ergebens an ihre Häuser und hofften, dass man sie nicht erschiessen und dass man die Bevölkerung schonen würde. Auch Tante Rosi stieg auf den Dachboden, befestigte an einer Stange ein Leintuch und hängte die Fahne zur Heubodentür hinaus.

Die Soldaten stürmten in die Bauernhäuser und sammelten alle Eier ein, die sie erwischen konnten. Sie müssen Unmengen von Eiern gegessen haben. Und die Ringe mussten die Frauen abziehen und abliefern. Eine Bäuerin konnte den Ehering nicht abstreifen, er war zu eng. Da zog der Soldat sein Messer und bedeutete ihr, dass er ihr den Finger abschneiden würde, wenn sie den Ring nicht herunterbrächte. Die Frau wurde kreidebleich und konnte ihn dann mit Hilfe von Wasser und etwas Seife doch noch abziehen.

Frau Stelzer, die Frau des Oberlehrers, erzählte, auch bei ihnen seien sie gewesen und hätten nach Eiern gesucht. „Aber ich habe alle unsere Eier im Klavier versteckt", sagte sie „und dort haben sie zum Glück nicht hineingeschaut."

Aber es geschah noch etwas anderes: Tag und Nacht fuhren unzählige Pferdegespanne durch unser Dorf. Es waren Flüchtlinge aus dem Banat: Frauen mit Kopftüchern, Kinder, alte und nur wenige junge Männer. Ihre Habseligkeiten hatten sie auf ihre Planwagen geladen und suchten einen Platz, wo sie unterschlüpfen konnten.

In der Gemeinde wurden die Säle bei den drei Gastwirten ausgeräumt und Notlager hergerichtet, aber es kamen so viele, dass auch die Klassenzimmer in der Schule als Notunterkünfte dienen mussten.

Der Schulunterricht fiel aus und kein Mensch hatte eine Ahnung, wann sich dieser Zustand ändern würde.

Auch bei uns wurden gewisse Artikel knapp, vor allem gab es keine Strümpfe, keine Wäsche, keinen Faden, kein Stopfgarn und viele andere Dinge des täglichen Gebrauchs mehr zu kaufen, auch nicht auf Bezugscheine. Stets hiess es: „Nur für Flüchtlinge". Die Leute waren geduldig und sahen, dass den Bedauernswerten das Nötigste fehlte, aber mühsam war es trotzdem, dass die einheimische Bevölkerung immer hintan stehen musste.

Tante Lisa war mit ihrer Freundin im Hause meiner Grosseltern im unteren Zimmer, das einen separaten Eingang hatte, untergekommen. Das Haus war nun voll besetzt und die Tischrunde um gleich drei Personen grösser geworden.

Tante Lisa und Tante Lore machten sich nützlich, sie halfen im Haus, in der Küche und gingen mit in den Wald, um Brennholz zu holen, gruben den Gemüsegarten um und pflanzten Salat und Gurken.

Mutti setzte sich sogleich hinter die Nähmaschine. Meine Grossmutter hatte noch eine Nähmaschine mit einer Handkurbel. Hätte ich sie nicht bei ihr gesehen, so hätte ich eine solche Maschine höchstens später im Museum besichtigen können. Man musste die Kurbel ganz schnell drehen und mit einer Hand den Stoff führen, und wenn die Geschwindigkeit gross genug war, konnte man die Kurbel loslassen, die sich dann durch den Schwung etliche Male allein weiter drehte. Und diesen Augenblick musste die Näherin dazu benützen, um den Stoff in eine andere Richtung zu drehen. Es gehörte schon etwas Übung, Geschick und Erfahrung dazu, damit zurecht zu kommen und die Bewegungen der Maschine, der Kurbel und den eigenen Händen zu koordinieren. Ich war immer ganz fasziniert, wenn ich den geschickten Händen meiner Mutter zusah.

Oft hatte sie uns erzählt, als sie, die ja bei ihrer Grossmutter aufgewachsen war, erlebt hatte, dass die Schneiderin auf die Stör gekommen war. Meine Urgrossmutter hatte noch Flachs angebaut, ihn zu feinem Garn versponnen, das man zum Nähen sogar in der altertümlichen Nähmaschine brauchen konnte. Meine Urgrossmutter war eine sehr sparsame Frau und sie sah mit grosser Sorge, wieviel die Schneiderin von dem kostbaren Nähfaden verbrauchte. Sie sagte dann: „Furchtbar, was die für einen Haufen Faden verteufelt, weil sie gar so schnell dreht!“ Das belustigte uns sehr und wir fragten uns, ob die Urgrossmutter tatsächlich daran geglaubt hat, dass die Menge des verbrauchten

Fadens von der Geschwindigkeit des Drehens an der Kurbel abhing und nicht von der Menge der genähten Sachen.

Meine Mutter aber wirkte bedrückt. Sie wusste, es gab im Augenblick kein Zurück nach Wien, denn die Grenze zwischen Oberdonau und Niederdonau war für den normalen Personenverkehr geschlossen Sie machte sich Sorgen um die Wohnung und um unsere Habseligkeiten. Langsam sickerte durch, dass in Wien alle vier Besatzungsmächte einmarschiert waren: die Engländer, die Franzosen, die Amerikaner und die Russen. Und in unserem Bezirk waren es die Russen. Wer weiss, vielleicht hatten sie schon unsere ganze Wohnung ausgeräumt, vielleicht standen wir da ohne Hab und Gut. Kein Mensch wusste, was weiter geschehen würde.

Unser Land hiess nun wieder Österreich, die Besatzungsmächte bestanden darauf, dass es so genannt wurde und wollten, dass wir zum Zeichen dessen, statt der weissen Kapitulationsfahnen, rot-weiss-rote Fahnen hinaushängen sollten. Aber das scheiterte daran, dass fast niemand roten Stoff hatte, um eine solche Fahne zu nähen. Wir lebten also nicht mehr in Oberdonau, sondern in Oberösterreich.

Ausser den vielen Flüchtlingen aus dem Banat kamen zahlreiche andere, eben aus Wien, aus den Städten, die entweder zerbombt oder besetzt waren. Und es erschienen immer öfter ausgemergelte Gestalten, die man aus den KZ´s entlassen hatte. Sie sahen die Amerikaner nicht als Feinde, sondern als Befreier. Denn für viele war natürlich mit ihrem Einmarsch buchstäblich die Rettung, die Befreiung im letzten Augenblick gekommen.

Man hat es mir später, vor allem im Ausland, nicht geglaubt, dass wir über die KZ´s wenig bis nichts wussten. Wir wussten nur eines: Wenn einer den Mund zu weit aufmachte, dann verschwand er im KZ, im Konzentrationslager. Darunter waren sehr oft Priester, hauptsächlich solche, die es als ihre Gewissenspflicht betrachtet hatten, schlimme Zustände von der Kanzel aus anzuprangern. Plötzlich war so ein Pfarrer verschwunden, abgeholt von der Gestapo und eingesperrt in Dachau, in Mauthausen, in Ebensee.

Die Bewohner dieser Orte ahnten zwar dumpf, was mit den Leuten dort geschah, mit den hageren, ausgehungerten Gestalten, die manchmal bei der grössten Kälte in ihren dünnen Kleidern am Stacheldrahtzaun standen und mit stumm flehendem Blick, die Hände zur Bitte gefaltet, den Vorübergehenden kund taten, dass sie Hunger hatten. Besonders mutige Einwohner der betreffenden Gemeinden brachten ihnen manchmal im Schutz der Dunkelheit zu essen von dem Wenigen, das sie selbst hatten, und dies, obwohl es streng verboten war. Aber man hätte sie dabei nicht erwischen dürfen. Die Leute in der nächsten Umgebung sahen auch Rauchfahnen der Gaskammern. Aber niemand wusste wirklich Genaues und getraute sich schon gar nicht, darüber zu reden, höchstens hinter der vorgehaltenen Hand. Er wäre vielleicht sonst selbst dorthin gebracht worden und hätte mit seinem Mut doch nicht helfen können.

Wenn mich in späteren Jahren Leute, die den Krieg nicht miterlebt hatten, gefragt haben: „Warum habt ihr nicht mehr protestiert?“ und „Ihr hättet euch eben wehren müssen“, dann hatte ich höchstens ein mitleidiges Lächeln. Diese Ahnungslosen! Sie wussten ja nicht, wie schnell ein Mensch hinter dem Stacheldrahtverhau eines KZ´s verschwinden konnte. Schon ein paar Gemeinden weiter weg wusste auch kaum einer, was sich hinter den KZ-Mauern abgespielt hatte. Bis zu uns sind solche Nachrichten nicht durchgedrungen, weil sich kaum jemand getraut hat, darüber laut zu denken. Erst nach Kriegsende kamen diese Dinge voll ans Tageslicht, wurde das Grauen, das dort geherrscht hatte, in seinen ganzen Ausmassen bekannt.

Fehlende Schule und kein Unterricht

Mutti und Tante Rosi machte es Sorgen, dass die Schule schon so lange ausgefallen war. Bald würde der Sommer kommen und wir hatten so viele Wochen Unterricht versäumt. Da hörten sie, dass der Bürgermeister, der im Dorf einen grossen Hof besass und mehrere Kinder hatte, in seinem Haus privat eine Lehrerin engagiert hatte, die sie unterrichtete. Sie fragten an, ob auch wir an diesen Schulstunden teilnehmen dürften. So gingen wir zum Haus des Bürgermeisters zum Unterricht, denn es war ja nicht so, dass wir nichts lernen wollten. Im Gegenteil: meine Mutter hatte mir schon von der ersten Klasse an sehr gut die Notwendigkeit einer guten Ausbildung klar machen können. „Lern, was du kannst, Helli!“, sagte sie. „Auch wenn du im Leben einmal alles verlierst, aber das, was du gelernt hast, kann dir keiner mehr wegnehmen.“ Eines der ersten Sprichwörter, die ich von ihr in diesem Zusammenhang gehört hatte, war: „Wissen ist Macht“. Als sie es wieder einmal sagte, meinte Onkel Sepp, scherzhaft:

„Jaja, Wissen ist Macht. Und Nichtwissen macht auch nichts.“
„Hör nicht auf das, was Onkel Sepp sagt, er macht nur Witze.“

Aber meine Mutter hatte Recht, denn im späteren Leben habe ich oft erfahren, dass man das, egal, was man gelernt hat, immer irgendwo brauchen kann, besonders dann, wenn es etwas ist, was andere nicht können.

So habe ich, da mich Sprachen schon immer fasziniert haben und ich glaube, dass ihr leichteres Erlernen vielleicht mit Musikalität zu tun hat, später mit grossem Vergnügen Sprachen gelernt, wie und wo ich Gelegenheit dazu fand. Ich habe sie im späteren Leben oft brauchen können.

Aber mit dem Unterricht hatten wir Pech. Nachdem wir ein paarmal im Haus des Bürgermeisters waren, gab uns die Lehrerin einen Brief mit nach Hause, in dem sie meiner Mutter und

Tante Rosi mitteilte, dass der Bürgermeister doch nicht damit einverstanden war, dass wir an diesem Privatunterricht teilnehmen dürfen. Nähere Gründe gab sie nicht an.

„Habt ihr was getan oder gesagt, was man nicht sollte?“ fragten sie uns. Wir konnten uns an nichts dergleichen erinnern. „Nein, es war überhaupt nichts Besonderes“, antworteten wir.

„Aha,“ sagte Tante Rosi, „wir sind eben keine Grossbauern, sondern haben nur ein kleines Häusl und nur zwei Kühe, da passen wir halt nicht dazu. Die wollen einfach unter sich sein, die Bauern.“

Meiner Mutter stieg die Zornesröte ins Gesicht und sie nahm es weit weniger gelassen, denn sie fühlte sich nun tatsächlich diskriminiert, als arme Mitbewohnerin des Dorfes abgestempelt. Aber wir konnten nichts unternehmen, niemand konnte dem Bauern vorschreiben, wie und von wem er seine Kinder unterrichten lassen wollte und wer an diesem Unterricht teilnehmen dürfe, noch dazu dann, wenn er ihn bezahlte. Mutti hat noch lange an dieser Geschichte herumgekaut und zuletzt fand sie eine Erklärung, die ihr einigermassen plausibel erschien:

„Dass wir nur ein Häusl haben und keine Grossbauern sind, das ist schon wahr. Aber die Helli ist eine gute Schülerin und dem Bürgermeister seine Buben sind Stiefel. Da war wahrscheinlich der Unterschied zu gross. Es ist nur gut, dass sie sich das Hirn nicht kaufen können, auch wenn sie noch so reich sind. Und auch nicht, wenn der Vater Bürgermeister ist!“

Ob sie damit Recht hatte, weiss ich nicht mehr zu sagen, aber diese Schlussfolgerung hat ihr zumindest gut getan und am Ende zu ihrer Beruhigung beigetragen.

Andere Schicksale und Handwerk mit goldenem Boden

Beim Lichtlmüller war ein Ehepaar aus Wien mit einem Sohn einquartiert. Sie waren auch vor den Russen geflüchtet. Der Sohn, ein Student, lernte sehr schnell, mit Wagen und Pferden umzugehen. Er sammelte die Kannen mit Milch und Rahm bei den Bauern ein und führte sie in die Molkerei. Mutti wurde rasch mit den Leuten bekannt, denn sie wollte wissen, wie es in Wien aussah und was die Leute zu der ganzen Situation meinten.

Ihr Sohn Heinz wurde bald unser Hauslehrer. Er kam zu uns ins Haus und unterrichtete uns ziemlich fachkundig in Rechnen und Deutsch, und ich erinnere mich, dass wir bei ihm eine ganze Menge gelernt haben. Die Grossmutter stellte Heinz ihren ausgesottenen Käse, Butter und Brot auf und Tante Rosi bezahlte mit Eiern, Rahm und Butter und gelegentlich mit einem Stück Speck.

„Wer weiss, ob die Bürgermeisterkinder so viel gelernt haben, wie ihr bei Heinz lernt," sagte Mutti und war zufrieden, dass sie eine gute Lösung für mich und Herbert gefunden hatte. Und Heinz war so glücklich, dass er neben der Arbeit mit Pferden, Wagen und Milchkannen noch etwas anders machen konnte, nämlich von seiner guten Schulbildung in Wien etwas weitergeben.

Auch Frau Wagner, die in unserem Dorf ein Zimmer gefunden hatte, lernten wir kennen. Sie kam aus Linz, ihre Wohnung war ausgebombt und sie holte jeden Tag bei uns einen Liter Milch, den ihr die Grossmutter nach dem Melken direkt in ihre Kanne füllte. „Hoppsala," pflegte sie jedes Mal zu sagen, wenn sie ihre Milch in der Kanne hatte, ihre Tasche abstellte und die paar Pfennige, die meine Grossmutter annahm, dafür bezahlt hatte. Denn das bisschen Geld für die Milch war eigentlich nur ein Symbol, das Mitgefühl mit der Not der Leute war bei meiner Grossmutter, war bei Tante Rosi immer noch grösser, als das Streben nach Profit. Wir hatten doch noch zu essen, freilich nicht immer das, was wir wollten, aber genug.

Frau Hoppsala, wie wir Kinder sie schnell nannten, blieb oft noch ein wenig in der Stube sitzen und erzählte von ihrem Schicksal, ihrer ausgebombten Wohnung, ihrem kränklichen Mann und von den Sorgen, die sie sich um die Zukunft machte.

Tante Lore war von Beruf Miedermacherin. Sie hatte in Wien sogar ein eigenes kleines Geschäft gehabt. Wir wussten gar nicht, dass es unter den Bäuerinnen so viele gab, die dringend ein Mieder brauchten, mit dem sie den von den vielen Geburten erschlafften Körper etwas in Form halten konnten oder andere, denen es half, wenn sie ihren Magen mit einem gut angepassten Mieder stützten. Da es in der Gemeinde niemanden gab, der fachgerecht ein solches Mieder anfertigen konnte, war Tante Lore eine sehr gefragte Person, und es war ganz erstaunlich, wieviel Arbeit sie plötzlich hatte. Von dem, was sie verdiente, gab sie gern meinen Grosseltern ab, und so wurden wir alle miteinander zu einer eigentlichen Schicksalsgemeinschaft.

„Das Handwerk hat einen goldenen Boden“, sagt ein altes Sprichwort. Nie ist mir dies klarer geworden, als in der Nachkriegszeit. Beim Moar hatten sie seit einiger Zeit einen neuen Knecht. Es war natürlich kein Knecht, sondern ein junger Soldat, der in den Nachkriegswirren als einer der Ersten in die Heimat zurück gekehrt war. Als er aber heimkam, da stand sein Haus nicht mehr, die Eltern waren tot und seine junge Frau war bei Verwandten untergeschlüpft. Doch wegen der Demarkationslinie, die quer durchs Land ging, konnte er nicht zu ihr. Er schlug sich irgendwie durch und landete schliesslich in unserem Dorf.

Der Moar war froh, dass er noch zwei starke Hände zum Anpacken bekam. Der Werner war von Beruf Taschenmacher. Das sprach sich bald herum, und die Bauern, welche ja von ihren

Tierhäuten Leder gerben liessen, brachten es ihm, und so verschaffte sich Werner nach dem Feierabend einen schönen Nebenverdienst. Eben: Handwerk hat einen goldenen Boden.

Die Nachbarin links von uns, die alte Schneider Resl, war ledig geblieben und lebte nach dem Tod ihrer Mutter ganz allein in ihrem kleinen Haus, das nur von einem grossen Obstgarten umgeben war. Im Stall hatte sie zwei Ziegen und ein paar Hühner und schlug sich mit einer kleinen Rente recht und schlecht durch.

Eines Tages ging ein älterer Mann bei ihr vorbei und sie kamen ins Gespräch. Er stammte aus dem Banat und machte keinen schlechten Eindruck. Er sprach Deutsch, wenn auch mit einigen Fehlern und fremdem Akzent Er war alleinstehend und mit einer bekannten Familie geflüchtet. Jetzt suchte er ein Zimmer, wo er etwas menschenwürdiger wohnen konnte als in dem Massenlager im Schulhaus. Die Resl hatte eine Kammer und nahm den Karol bei sich auf. Karol war von Beruf Friseur. Sein Handwerkszeug, Scheren, Abziehriemen und Rasiermesser hat er in einem kleinen Köfferchen retten können und ab jetzt ging er damit zu den Bauern auf die Stör.

Wie waren die Bauern doch so froh, dass sie sich nicht extra anziehen und den weiten Weg in den Ort machen mussten, sondern dass einer kam, der ihnen daheim die Haare schnitt, den Bart rasierte, den Schnauz stutzte. Und Karol lebte nicht schlecht von seinem Handwerk, und er liess die Resl aus Dankbarkeit an seinem Verdienst teil haben. Sie lebten ein paar Jahre so nebeneinander, der Karol und die Resl und oft sagte er: „Was wisst ihr, wie Resl gut ist!“ Und wenn man die Resl fragte, so sagte sie: „ Wir helfen uns gegenseitig, der Karol und ich. Und ich bin nicht mehr so allein.“

Schnell hatte es sich herumgesprochen, dass die Zeiner Franzi aus Wien da war. Bäuerinnen fragten bei meiner Mutter an: „Franzi, der Bauer und die Buben brauchen so dringend ein paar

Hemden und ich hab auch schon fast nichts mehr zum Anziehen. Kannst nicht für ein paar Tage zu uns kommen und uns was nähen?"

Und so ging Mutti auf die Stör zu den Bauern, nähte Hemden aus altem Bettzeug für die Männer, Mäntel aus Militärdecken, Regenmäntel aus Zeltplanen, Kinderkleider aus den Kleidern der Mütter, flickte Arbeitsanzüge und Vieles andere mehr. Die Bäuerinnen waren so froh und zahlten zum Teil in Geld, zum Teil in Naturalien und Mutti konnte sich bald kaum vor Arbeit retten. Früh am Morgen ging sie aus dem Haus, spät am Abend kam sie heim. Aber sie kam wenigstens heim und ich hatte wieder eine Mutter. Und das Handwerk, auch wenn es ursprünglich nicht einmal erlernt war, hatte einen goldenen Boden.

Die Nachrichten aus Wien flossen sehr spärlich. Aber die, die kamen, waren schlecht. In Wien lebten die Leute hauptsächlich von halb verfaulten Kartoffeln und von Erbsen, und die waren meistens wurmig. Gas und Wasser funktionierten nur noch stundenweise, Strassenbahnen fuhren fast keine mehr und die Leute lebten buchstäblich von der Hand im Mund. Nicht einmal die Bestattungsunternehmen arbeiteten mehr, es gab keine Särge, keine Transportmöglichkeiten, und die Leute führten ihre Toten in Handwagen zum Friedhof, um sie eigenhändig zu beerdigen. Unsere Wohnung lag im russischen Sektor. Die Russen stürmten in die Häuser und montierten alles ab, was nicht niet- und nagelfest war, vergewaltigten die Frauen, ja sogar die Schwestern im nahen Kloster, wie uns Kaplan Holzmann später erzählte.

Alle diese Berichte verdüsterten unsere Aussichten, jemals wieder nach Wien zurück zu kehren und unser bescheidenes Hab und Gut zu finden.

Immerhin geschah eines Tages etwas, was für die damaligen Verhältnisse wie ein Wunder erschien: Von einem Mann, einem Wiener, dessen Frau gestorben war, konnte Mutti eine

Nähmaschine kaufen, keine mit einer Handkurbel, sondern eine richtige moderne, mit einem Tretpedal, und erst noch zu einem sehr günstigen Preis und einigen Rationen der Raucherkarte. Die Nähmaschine wurde praktisch der Grundstein einer neuen Existenz. Denn die Existenz bei der Post in Wien schien in jenen Tagen in weite Ferne gerückt zu sein.

Nur Tante Lisa, mit ihren Kenntnissen in Maschinenschreiben und Rechtskunde hatte kein rechtes Tätigkeitsfeld. Sie half einfach überall mit, versäuberte Nähte, wenn Mutti was nähte, nähte Hafteln und Druckknöpfe in Tante Lores Mieder, band sich eine Schürze um und machte eine ihrer sagenhaften Torten, was ihr hier viel leichter fiel, denn in der Speisekammer gab es Butter und Eier, die in Wien fehlten. Tante Lisa lief den ganzen Tag mit Putzlappen und Staubtüchern durchs Haus. Die anderen sagten ihr einen Sauberkeitsfimmel nach. Tatsächlich habe ich kaum jemanden mehr kennen gelernt, der so viel Wert auf Ordnung und peinliche Sauberkeit legte, wie sie.

Wir Kinder waren so glücklich, dass sie hier war. „Und jetzt erzählt uns Tante Lisa einen schöne Geschichte“, pflegte ich auszurufen, in Erinnerungen an die Zeit in Wien, in der sie mir mit viel Phantasie alle möglichen Geschichten zu erzählen pflegte. Und wenn ihr keine mehr einfielen, dann erzählte sie alte Sagen aus Wien, aus Österreich, aus aller Welt. Viele Jahre später sagte sie mir, dass sie immer dachte, wenn ich sagte:

„Und jetzt erzählt uns Tante Lisa eine schöne Geschichte“ „Oh Gott, was werde ich denn jetzt wieder erzählen?“ Aber sie konnte aus einem grossen Vorrat schöpfen, meine geliebte Tante Lisa. Herbert und ich und auch andere Dorfkinder hingen an ihren Lippen, wenn sie zu erzählen anfing und während sie erzählte, fand sie den Faden, um ihre Gedanken weiter zu spinnen und ein glückliches Ende zustande zu bringen, so dass wir gar nie merkten, wie sie sich ganz spontan eine neue Wendung oder ein

Ende ihrer Erzählungen einfallen liess. Wir Kinder waren jedes Mal hoch beglückt. Es ist wahr: Radio hatten wir keines auf dem Land und das Fernsehen war zu dieser Zeit sowieso noch unbekannt. Aber eine Tante Lisa hatten wir, eine mit Geschichten und kuriosen Ideen und einem grossen Herzen für Kinder.

Ich habe mich trotz der vielen Mängel und der schwierigen Zeiten jener Jahre dennoch ein Leben lang für privilegiert gehalten, denn welches Kind hat heute noch eine solche Tante, wieviele Kinder haben in der Zeit des Radios, Fernsehens, der Discos und anderer Vergnügungen, solche Grosseltern und Mütter, wie wir sie in dieser schwierigen Zeit hatten? Wieviele Kinder brauchen heute noch so viel Phantasie und so viel Improvisationstalent, wie wir es, natürlich notgedrungen, entwickeln mussten? Arm war unsere Kindheit an irdischen Gütern, aber reich, unendlich reich, gerade, weil wir uns in so guten Händen wussten.

Nachkriegserinnerungen, die „Befreiung“ und Nachwehen

Die amerikanischen Soldaten haben, bis auf den Anfang, an dem sie in die Häuser kamen, um nach Eiern zu suchen, die Bevölkerung eigentlich in Ruhe gelassen. Manchmal blieben einige über Nacht in unserem Ort und wir Kinder schauten neugierig zu, wie sie ihr Lager aufschlugen.

Zu den Kindern waren sie sogar freundlich und schenkten ihnen Schokolade und längliche in Papier gewickelte Streifen, von denen wir später erfuhren, dass es sich um Kaugummi handelte. Es war mir schon so komisch vorgekommen, dass einige der Soldaten die ganze Zeit auf etwas herumkauten, wie unsere Lona im Stall.

Auch mir wollte einer der Soldaten einmal so ein Päckchen schenken. Aber ich blieb stehen, verschränkte die Hände auf dem Rücken und sagte: „No, thanks“. Ich hatte dies irgendwo gelesen oder gehört, jedenfalls wusste ich, dass es „Nein, danke“ hiess. Die anderen Kinder sahen mich an, wussten aber nicht, was ich da gesagt hatte und auch nicht, warum.

Natürlich erzählten sie daheim von den freundlichen Soldaten und dass sie die Kinder mit Schokolade und dem neumodischen Kaugummi beschenkt hätten.

„Hast du auch einen bekommen?“ fragte Mutti.

„Einer hat mir einen geben wollen, aber ich habe ihn nicht genommen,“ antwortete ich.

„Warum nicht?“ wollte sie wissen.

Da brach es aus mir heraus: „Die sollen ihren blöden Kaugummi und ihre Schokolade behalten. Zuerst haben sie unseren Stephansdom kaputt gemacht und die Oper. Sie haben so viele Häuser zerbombt, und jetzt haben die Leute alles verloren, wie die Frau Hoppsala. Sie sind immer über Kärnten und Steiermark nach Wien geflogen und ich habe nie gewusst, ob ich dich wieder sehen werde. Jetzt brauche ich auch nicht ihren Kaugummi und ihre Schokolade! Sie sollen ihr blödes, süsses Zeug selber fressen!“ Ja, „fressen“, hatte ich gesagt. Schluss, Punkt. Und zu dieser Zeit wusste ich noch nicht einmal, dass die Westmächte auch Dresden zerbombt hatten und dass Tante Wanda und Dieter und Ulli sicher nicht mehr lebten.

Meine Mutter hat mich ganz fest in die Arme genommen und sie hatte beinahe Tränen in den Augen. Sie sagte nur einen Satz: „Du hast ganz recht gehabt.“

Erst viel später kam sie einmal auf dieses Gespräch zurück und meinte: „Du weisst gar nicht, wie stolz ich in diesem Augenblick auf dich war. Du hast als Kind schon deine Grundsätze gehabt und eine ganze Menge Charakter gezeigt.“

Es war ein paar Jahre später, als die Amerikaner immer noch in Österreich stationiert waren und wir in der Landeshauptstadt wohnten. Da ging manchmal ein GI durch die Strassen mit einem Netz voller Orangen. Das Wasser lief mir im Mund zusammen, denn Orangen gab es für uns gewöhnlich Sterbliche nicht zu kaufen. Genommen hätte ich aber eine der verlockenden Früchte nie, jedenfalls nicht von einem Amerikaner.

Und ich schämte mich für die jungen Mädchen, die sich an einen Besatzungssoldaten hängten, nur weil sie sich von ihm ein etwas besseres Leben erhofften. Viele von ihnen wurden dennoch enttäuscht, wenn sie später feststellen mussten, dass ihr amerikanischer Freund daheim nicht ein sorgenfreies, sondern oft sogar ein karges Leben führte und eine unsichere Existenz, und ich fand damals, dass ihnen ganz Recht geschehen war.

Manche Familien wurden ausquartiert und mussten in einer Baracke hausen, weil man ihnen die Wohnungen für die Besatzungssoldaten und ihre Familien weggenommen hatte. Für diese musste das vielzitierte Wort von der „Befreiung“ wie Hohn klingen.

Es kam der Sommer und normalerweise wäre nun Schulschluss gewesen. Die Eltern hatten einen Brief bekommen, sie sollten uns an einem bestimmten Tag zur Schule schicken.

Herr Stelzer, der Oberlehrer verteilte die Zeugnisse. Frau Hoflehner war wegen der Geburt ihres Kindes nicht mehr an der Schule. Die Zeugnisse aber hatte sie noch selbst geschrieben. Zeugnisnoten gab es keine. Statt dessen stand auf der betreffenden Seite:

Der Unterricht ist während 14 Wochen ausgefallen. Eine Beurteilung des Kindes ist deshalb nicht möglich. Das 4. Schuljahr muss wiederholt werden.

Frau Hoflehner war nicht mehr an der Schule, ihr Baby würde bald zur Welt kommen.

Nun waren erst einmal Ferien. Nie wieder haben die Ferien so lange gedauert wie im Jahr 1945. Dass die Klasse wiederholt werden musste, war ja auch kein Staatsunglück. Wenn man, wie ich, schon mit weniger als sechs Jahren zur Schule gekommen ist, fehlt ein Jahr nicht so stark.

Mutti und Tante Lisa hatten mehr Schwierigkeiten, denn immer noch wussten sie nicht, wie es in Wien aussah, was mit der Wohnung war, wie man hinkommen könnte.

Fahrt ins Ungewisse und ins Chaos

Es kam der August und meine Mutter suchte nach einem Weg, um nach Wien zu gelangen. Eines Tages hiess es: wir fahren nach Wien. Und das Schönste: ich durfte mit.

Wir fuhren über St. Pölten, wo der russische Sektor begann. Ich war schon sehr neugierig, endlich einmal einen Russen zu sehen. Denn nach allem, was ich bisher gehört hatte, stellte ich sie mir als reine Monster vor. Aber es stellte sich heraus, dass sie aussahen wie ganz gewöhnliche Soldaten. Einige von ihnen hatten kurzgeschorenes Haar und die meisten trugen eine, wie mir schien, überdimensional grosse Soldatenkappe.

Sie kontrollierten unsere Ausweise und lächelten sogar freundlich. Als wir in Wien ankamen, gab es ein Wiedersehen mit Rath-Tante und Rath-Onkel. Man sah es den beiden an, dass sie viel durchgemacht hatten. Sie waren blass und schmal geworden, denn es gab ja fast nichts zu essen.

Die Menschen stellten sich schon um vier Uhr früh vor den Lebensmittelgeschäften an, um irgendetwas zu ergattern, egal was. Aber es geschah oft, dass viele unverrichteter Dinge und mit leeren Taschen wieder heimgehen mussten, denn wenn sie an die Reihe kamen, gab es kein Brot, keine Nudeln, keine Milch mehr, nur verschrumpelte Kartoffeln und Erbsen – und die waren wurmig. Wenn man sie in Wasser einweichte, schwammen bald die Würmer an der Oberfläche.

In unserer Wohnung war eine Frau, die Schwester einer Nachbarin einquartiert. Ihre Wohnung war ausgebombt und unsere stand offensichtlich leer. Keiner wusste, ob und wann jemand dahin zurückkehren würde. Die Frau hiess Erna Halska. Der Blick meiner Mutter fiel sogleich auf einen Kerzenhalter, der auf dem Küchentisch stand. Frau Halska bemerkte es, wurde verlegen und stellte ihn schnell in den Küchenschrank. In dem Kerzenhalter steckte meine Erstkommunionskerze, sie war schon bis auf mehr als die Hälfte herunter gebrannt.

Aber was sollte das? Wenn die Leute nicht wussten, wie sie ihre Zimmer heizen sollten und dafür sogar Alleebäume fällten, so war es sicher verständlich, wenn sie, statt bei Stromausfall im Dunkeln zu sitzen, halt meine Kommunionskerze anzündeten. „Wir brauchen sie doch nicht mehr," trösteten wir uns.

Das Schmerzlichste am Heimkommen: die Nähmaschine war weg, abtransportiert von den Russen. Die schöne versenkbare Nähmaschine aus kaukasischem Nussbaumholz, auf die Mutti so stolz war und die sie sich so sauer erarbeitet hatte. Sie war viel schöner, als die, die wir von dem Wiener in Oberösterreich gekauft hatten, jetzt war sie weg. Auch die grosse Schneiderschere und unsere Kaffeemühle fehlte. Ob die auch die Russen mitgenommen hatten, oder ob sie sonst jemand hatte gebrauchen können, haben wir nie erfahren.

Die Wohnung wirkte vernachlässigt und schmutzig, und da hörte der Spass auf. Man kann arm sein, nichts mehr haben, aber einen Besen und einen Lappen nehmen und den Schmutz wegputzen, das kann man trotzdem. Am anderen Morgen, als ich erwachte, war ich ganz zerstochen. Ich war so müde, dass ich nicht gemerkt hatte, dass mich nachts Wanzen gebissen hatten. Mutti fand noch irgendwo einen Rest Petroleum, mit dem sie alle Ritzen einpinselte, wo sich diese ekligen Tiere tagsüber versteckt hielten und versuchte, ihnen den Garaus zu machen. Es war früher schon mal geschehen, dass ich von der Schule mit Läusen heimgekommen war. Mit meinen Zöpfen, die so lang waren, dass ich darauf sitzen konnte, war dies eine wahre Plage. Der ganze Kopf musste mit einer grauen Salbe eingestrichen mit einem Tuch eingebunden werden, damit ich nach einer anschliessenden Kopfwäsche diese unangenehmen Gäste wieder loswurde. Aber Wanzen hatten wir doch nur vom Hörensagen gekannt, so etwas hat es bei uns nie gegeben, dazu war meine Mutter viel zu reinlich.

Sie krempelte die Ärmel hoch, putzte die Fenster und wusch alle Flächen ab. „Es ist so hell. Haben Sie eine neue Birne eingeschraubt?“ fragte Frau Halska, als sie heimkam. „Nein“, antwortete meine Mutter mit grimmiger Miene, „ich habe nur den Lampenschirm abgewaschen.“

Sie wurde auf die russische Kommandantur beordert. Dort hat sie der russische Kommandant in gebrochenem Deutsch zusammen gedonnert: „Du Nazi! Du Towarisch! Parteigenosse! Du geflüchtet. Du Flüchtling!.“

Aber meine Mutter liess sich nicht einschüchtern. „Ich war nur Frauenwalterin. Ich habe bei der Post gearbeitet, im Staatsdienst. Und ich bin nicht geflüchtet, ich habe nur mein Kind besucht und konnte nicht mehr zurück“ verteidigte sie sich. „Und wo ist meine Nähmaschine? Bekomme ich die wieder?“

„Njet, njet! Nix Nähmaschine. Du gehen. Dawai!“

Viel ist nicht herausgekommen bei dem Verhör. Dennoch waren wir uns einig: Es war gut, dass wir bei Kriegsende nicht in Wien waren. Wer weiss, war passiert wäre. Und auch, wenn meine Mutter hier gewesen wäre, sie hätte nichts verhindern können, hätte höchstens noch grössere Schwierigkeiten bekommen. Wir wollten uns gar nicht ausmalen, was da alles geschehen wäre.

Wir besuchten Heinz und seine Eltern, von denen wir wussten, dass sie nach Wien zurück gekehrt waren. Sie wohnten in der Nähe des Schwarzenbergplatzes, der jetzt den Namen „Stalinplatz“ trug. Die Russen hatten ein grosses Denkmal aufgestellt, einen überdimensional grossen Soldaten mit einer Siegesfahne: zum grossen Ärgernis der Wiener. Sie fühlten sich nicht nur besiegt, sondern zusätzlich noch gedemütigt.

Heinz´ Vater war Anwalt, jetzt aber gab es für ihn kaum etwas zu tun und sie schlugen sich recht und schlecht durch. Heinz hoffte, dass er bald an der Universität sein Studium beginnen könnte.

Ich bat um ein Blatt Papier, Tinte und Feder und schrieb, während sich die Erwachsenen unterhielten, einen Brief an Tante Rosi und die Grosseltern. In der Kanzlei gab es viele verschiedene Stempel, die ich alle auf das Kuvert drückte. Normalerweise wurden alle Briefe, die über die Demarkationslinie gingen, zensiert. Dieser ging ohne Zensur durch, sicher wegen der vielen Stempel, die dem Brief offenbar etwas Wichtiges, etwas Amtliches gaben.

Ein neuer Vorstoss wegen der verschwundenen Nähmaschine hatte keinen Erfolg. Ausserdem wusste ohnehin keiner, wohin man sie transportiert hatte.

Wir fuhren auch nach Hietzing, um in Tante Lisas Wohnung nachzusehen. Tante Lisas Chef hatte das Anwaltsbüro geschlossen, und niemand wusste, wo er sich befand. In der Wohnung fehlte zum Glück nichts. Nur einige Fensterscheiben waren kaputt, sie waren mit Karton notdürftig repariert.

Mutti schärfte Frau Halska eindringlich ein, mehr Sorge zur Wohnung zu tragen, sie nicht wieder so verdrecken zu lassen. Die Geschichte mit den Wanzen war uns schon in die Glieder gefahren.

So wie die Dinge jetzt lagen, war es für uns das Beste, wieder nach Oberösterreich zurück zu kehren. Hier funktionierte nichts mehr, alles war zusammen gebrochen. Bei den Grosseltern waren wir wenigstens an einem sicheren Ort, es gab zu essen und im September sollte die Schule wieder beginnen. Und ein neues Leben?

Kinder sind in einer glücklichen Lage, denn sie machen sich in der Regel keine Sorgen um die Zukunft, und sie haben unendlich viel Zeit und eigentlich nie das Gefühl, etwas zu versäumen.

Petroleum, das wir für unsere Lampe brauchten, bekamen wir nicht überall und jederzeit. Wieso das so war, wusste kein Mensch. Aber wir wussten, dass es einen einzigen Laden in einer Nachbargemeinde gab, der Petroleum führte. Es war dorthin fast eineinhalb Wegstunden zu gehen. Man hätte auch mit dem Zug hinfahren können, aber wir sparten das Geld.

„Was denn? Ihr Kinder habt doch Zeit zum Laufen. Dann macht ihr sonst nichts Dummes", hätten die Erwachsenen gesagt. Sie hatten Recht, und da niemand anderer besser Zeit hatte als wir und noch junge Beine, schickten sie Herbert und mich los.

Der Weg führte von unserem Dorf hinaus und dann ein grosses Stück einer Lokalbahn entlang. Das war lustig.

Wir liefen auf den Bahnschwellen, schätzten, wieviele Schwellen es noch bis zur Wegbiegung waren, zählten die Schwellen bis zum Bach, wo die Bahn über eine Brücke führte und blödelten ausgiebig. An unseren blossen Füssen blieb schon manchmal der Teer der Schwellen kleben. Hatten wir Sandalen an, so zogen wir sie aus, um die Füsse ins kühle Wasser zu hängen und kamen irgendwann mal ans Ziel. Die Zeit spielte keine Rolle. Der Heimweg mit dem Petroleum war dann schon etwas mühsamer, denn der Kanister hängte sich an, und meistens wurden uns noch ein paar andere Besorgungen aufgetragen, so dass jedes was zu schleppen hatte.

Da war es schon ein Glück, wenn ein Bauer mit Pferd und Wagen daher kam. „Dürfen wir aufsitzen?" fragten wir, wenn es nicht gerade ein Mistwagen war. „Brrr!" machte der Fuhrmann, blieb stehen und wartete, bis wir hinauf geklettert waren. Dann sassen wir auf dem leeren Leiterwagen oder auf den Kartoffeln oder Rüben und manchmal auch auf einem Fuder Gras. So kamen wir irgendwie wieder nach Hause in unser Dorf und der Petroleumvorrat war wieder für eine Weile gesichert.

Natürlich gehörte es auch zu unseren Pflichten, die Wolle, die die Grossmutter gesponnen hatte, zu den Kunden, den Bauern zu bringen. Manchmal liefen wir stundenweit bis in die entlegensten Dörfer. Eines Tages wurden Herbert und ich mit einer grossen Tasche voll Wollknäueln zum Mitterlehner geschickt. Der Weg führte ein Stück weit durch den Wald, an einer Waldblösse vorbei, an einen Himbeerschlag. Nachdem wir uns an den süssen roten Früchten gelabt hatten, ging es weiter über einen Feldweg ins nächste Dorf, das heisst, es war nur ein Weiler mit drei Höfen.

„Hoffentlich sind die Gänse nicht heraussen," sagte ich zu Herbert. Denn wir wussten, dass sie beim ersten Hof Gänse hatten. „Gänse sind ärger als ein Hund", dachte ich laut weiter. Ich fürchtete mich nicht vor der Dunkelheit oder vor Gespenstern, aber ich fürchtete mich vor den Gänsen und noch viel mehr vor Hunden. Nicht umsonst, denn zweimal hatte mich schon einer gebissen. Einmal einer bei uns im Dorf, ein Spitz und einmal einer, als ich in Sachsen war. Seither hatte ich Respekt vor Hunden, und dies bis auf den heutigen Tag. Und die Hunde schienen das zu merken, sie hatten es immer auf mich abgesehen. Sie kläfften, wenn ich vorbei ging und rannten mir nach, bis ich vor Angst stehen blieb und nach Hilfe ausschaute. Ein Glück, wenn ein Erwachsener den Hund zurückpfiff, dann erst liess das Herzklopfen nach.

Onkel Sepp hatte auch Gänse, und wenn sie in der Nacht, einen Laut gaben, dann pflegte Tante Agnes Onkel Sepp zu wekken: „Du, Sepp, steh auf, musst nachschauen, die Gänse haben geschrien". Onkel Sepp ging dann schlaftrunken mit einer Taschenlampe über den Hof, denn normal war es nicht, wenn sie nachts nicht ruhig blieben. Und es trieb sich in den ersten Monaten nach dem Krieg allerlei Gesindel herum. Aber zum Glück hatten die Gänse vielleicht nur einen Marder gehört.

„Dort, wo sie Gänse haben, brauchen sie gar keinen Hund“, sagte die Grossmutter immer. Wenn wir also an dem Hof vorbei kamen und die Gänse waren im Freien, so machten wir einen grossen Bogen um das Federvieh, denn wenn sie Fremde bemerkten, so streckten sie die Hälse mit lautem „Chhh, Chhh“ und versuchten, den Vorbeigehenden in die Beine zu zwicken, und das war sehr unangenehm.

Diesmal also kein Hund und auch keine Gänse. Endlich kamen wir zum Mitterlehnerhof. Nur der Hof hatte den Namen Mitterlehner. Der Bauer hiess mit seinem richtigen Namen Zauner. Praktisch alle Höfe hatten einen sogenannten Hausnamen. Der Familienname konnte ja wechseln, wenn zum Beispiel ein junger Bauer auf den Hof heiratete. So hiess die Moosbichler Nanni mit Familiennamen Meier und die Lichtlmüller Lini Mittermeier.

Als wir ankamen und die Tasche mit der gesponnen Wolle abgeliefert hatten, wollte uns die Bäuerin für den Weg mit einigen schönen Äpfeln belohnen und hiess uns, unterdessen zu warten. Wir waren nicht allein in der Stube. An dem grossen Tisch im Herrgottswinkel sass ein fremder Herr. Wie wir später erfuhren, handelte es sich um einen Vertreter für landwirtschaftliche Maschinen, der auf den Bauern wartete.

Der Herr liess seine Blicke durch den Raum wandern und schaute dann lange auf ein Bild an der Wand. Es zeigte einen jungen Soldaten und war mit einem schwarzen Bändchen, einem Trauerflor geschmückt.

Als die Bäuerin wieder erschien und sah, wie der Mann das Bild anstarrte, da sagte sie mit leiser Stimme: „Ja, das ist unser Franz, er ist gefallen“.

„Gefallen? Wann ist er gefallen?“ wollte der Fremde nun wissen.

„Schon vor vier Jahren“ antwortete die Bäuerin.

„Hören Sie“, begann der Fremde wieder, „der hat doch Franz Zauner geheissen und müsste jetzt“ – er rechnete in Gedanken nach – „ungefähr 26 Jahre alt sein.“

Die Bäuerin nickte und wischte sich die Tränen aus den Augen. Da stand der Mann auf, ging auf die Frau zu und fasste sie an den Schultern.

„Das muss ein Irrtum sein, Ihr Sohn ist nicht gefallen. Er hat das Kriegsende überlebt und ist mit mir in Gefangenschaft gewesen. Aber wir wurden später in verschiedene Lager verlegt, und so kann ich Ihnen nicht sagen, wohin er gekommen ist. Aber gefallen ist er nicht, ganz bestimmt nicht.“

„Aber wir haben doch die offizielle Nachricht bekommen, und der Pfarrer hat für ihn das Requiem gelesen“.

Jetzt merkte die Bäuerin, dass wir Kinder immer noch warteten. Sie legte uns die Äpfel in den Korb, und wir wanderten wieder heimwärts.

„Du, das wäre was, wenn das wirklich stimmt“, sagte Herbert. „Stell dir vor, die bekommen den Brief, dass der Franzl gefallen ist, und dabei lebt er noch.“ „Hoffentlich hat der sich nicht geirrt“, zweifelte ich ein wenig. Aber der Mann hatte es mit so grosser Sicherheit und mit so fester Stimme gesagt, dass wir hofften, es möge wahr sein. Wir konnten gar nicht schnell genug nach Hause kommen, damit wir unsere Neuigkeiten loswurden.

Natürlich erzählten wir sofort von dem Gespräch, und der Grossvater schüttelte den Kopf: „Ich war doch selbst bei der Trauerfeier, auf dem Friedhof steht ein Grabstein mit seinem Namen.“

Die Nachricht machte sofort die Runde im Dorf wie ein Lauffeuer. „Wer hat das gesagt, dass der Zauner Franzl gar nicht gefallen ist?“, fragten die Leute. „Die Zeiner Kinder haben es heimgebracht, direkt vom Mitterlehnerhof.“

„Wenn das stimmt, dann glaube ich dran, dass auch heute

noch Wunder geschehen“, sagte Tante Rosi.

Aber der Mann beim Mitterlehner hatte Recht behalten, denn einige Zeit später erfuhren wir, dass sich Franzls Eltern auf den Rat des Kriegskameraden an den Suchdienst des Roten Kreuzes gewandt hatten. Und eines Tages ist der Zauner Franzl wirklich nach Hause gekommen, die glücklichen Eltern durften ihren totgeglaubten Sohn in die Arme schliessen. Einen Finger der linken Hand hatte er im Krieg verloren, aber sonst war er gesund.

Der Franzl hat später eine Familie gegründet und den Hof seiner Eltern übernommen. Ich weiss nicht mehr, was mit dem Grabstein am Friedhof geschehen ist. Vielleicht haben sie ihn ausgewechselt, denn es wäre für den Franzl doch recht eigenartig gewesen, auf dem Grabstein seinen Namen zu lesen und doch so lebendig zu sein.

Viel später, als wir längst nach Linz übersiedelt waren und für mich dort ein neuer Lebensabschnitt begonnen hatte, erinnerte ich mich wieder an diese Geschichte vom Mitterlehnerhof, die ein so glückliches Ende genommen hatte. Es kamen aber immer noch Soldaten aus der Gefangenschaft zurück. Die Heimkehrer-Transporte wurden jeweils im Radio angekündigt. Die Menschen strömten in Scharen zum Bahnhof, um den Empfang und die Wiedersehensfreude mitzuerleben. Ein Gesangstrio empfing die Soldaten mit Musik, mit heimatlichen Klängen. In Erinnerung an diese Heimkehrer-Transporte habe ich immer noch das Lied „Hoch vom Dachstein an“ im Ohr. Vermisste Heimkehrer fielen sich mit ihren Verwandten in die Arme und es flossen Tränen der Freude über das Wiedersehen. Aber auch andere habe ich gesehen, die mit verhärmten Gesichtern, ein Bild eines vermissten Soldaten, mit dem Namen darunter, vor sich hertrugen und die stumme Frage an Heimkehrer stellten: „Hast du nichts von meinem Mann, meinem Bruder, meinem Vater gehört?“ Manchmal führte es auf diese Weise wohl auf eine Spur, aber viele, allzu viele warteten vergeblich.

Schule auf dem Land – genauso gut wie in der Stadt

In der vierten Klasse, in jener also, die wir wiederholen mussten, bekamen wir einen Lehrer, Herrn Robert Wenger. Er hatte viel Glück gehabt, dass er gesund und so rasch vom Krieg heimkehrt war. Herr Wenger war ein ruhiger, ausgeglichener Mensch, hatte nie schlechte Laune. Er war verheiratet und hatte selbst Kinder. In der Nachschau waren für mich immer die Lehrerinnen und Lehrer, die selbst Kinder hatten, die besten Lehrer, denn sie kannten ein Kinderleben aus eigener Erfahrung als Eltern. So haben wir es als ausgesprochenes Glück betrachtet, dass er unsere Klasse übernommen hatte.

Herrn Wengers Unterricht war interessant. Vieles, was ich heute noch weiss, habe ich mir damals gemerkt, weil es so eindrücklich war. Wir hätten in einer Grossstadtschule nicht mehr und besser lernen können. Schüler, Lehrer und Eltern, alle waren froh, dass wir endlich wieder einen geregelten Unterricht hatten.

Einmal pro Woche schrieben wir einen Klassenaufsatz, und der Lehrer achtete darauf, dass jedes Kind seinen Beitrag dazu leistete. Es sollte eine wirkliche Gemeinschaftsarbeit werden. Herr Wenger fand jede Woche ein interessantes Thema. Das Aufsätzeschreiben machte wirklich Spass. Einmal schrieben wir eine Geschichte mit dem Titel: „Eine Fensterscheibe erzählt“, nachdem wir im Heimatkundeunterricht von der Glasherstellung im Glaswerk Ranshofen gelernt hatten. Der letzte Satz in jenem Aufsatz lautete:

„Und jetzt bin ich eine Fensterscheibe in der vierten Klasse und lasse das Tageslicht herein, während die Schüler in ihr Heft den Spruch schreiben:

Feldspat, Quarz und Glimmer,
die drei vergiss i nimmer."

Herr Wenger besass eine natürliche Autorität. Der Schober Adi und der Krambauer Karli kamen nicht mehr dazu, ihre frechen Sprüche zu bringen, wie bei Frau Hoflehner und noch schlimmer beim Hiatzana. Ganz im Gegenteil: Als am 6. Dezember der Nikolaus in die Klasse kam und in seiner Begleitung der Krampus grimmig seine Rute schwang, da hiess es im nächsten Klassenaufsatz:

„Der Nikolaus las aus seinem Buch die Sünden einiger Schüler vor, und als der Krampus mit der Rute drohte, fiel ihnen das Herz fast in die Hose."

Wer damit gemeint war, wussten alle, sowohl die Betroffenen als auch die anderen, ohne dass die Namen genannt wurden, denn gerade der Krambauer Karli und der Schober Adi waren da ein wenig blass um die Nase geworden.

In den Läden fehlte es an manchen Dingen, die wir dringend gebraucht hätten. Und anders, als während des Krieges, als es wenigstens das gab, was auf den Lebensmittelkarten stand, gab es jetzt gewisse Dinge nur auf Aufruf. Niemand konnte im Voraus genau sagen, wieviel von welchem Artikel aufgerufen wurde. Einmal waren es Nudeln, ein anderes Mal ein halbes Kilo Zucker, dann wieder Griess oder Fett.

Einmal hiess es, es gebe auf einen bestimmten Abschnitt „Kobrafett". Und sogleich ging im Dorf die Mär um, es gebe jetzt Schlangenfett auf Lebensmittelkarten, denn Kobras seien doch Schlangen. Ja, Kobras schon, aber es war ja Koprafett und dieses werde aus Kokosnüssen gemacht, erzählte uns Herr Wenger. Nur wer uns dieses Fett lieferte, da ja in Österreich und überhaupt in Europa gar keine Kokosnüsse wachsen, wusste niemand zu sagen.

Zucker war fast so kostbar wie Gold, denn es gab pro Monat nur ein paar Löffel voll davon. So ernteten wir die Zuckerrüben auf den Feldern, wuschen sie gründlich, schnitten sie in Schnitzel und kochten sie tagelang auf dem Herd aus, bis ein dickflüssiger, dunkler Sirup entstand, den wir als Ersatz für den fehlenden Zucker verwendeten. Die Bauern stellten diesen Zuckerrübensirup in Kochkesseln in grossem Stil her. Die Kinder strichen ihn aufs Brot oder tunkten ihn mit Brotschnitten auf. Ich mochte diesen klebrigen schwarzen Sirup nicht, er war mir viel zu süss und ich gab meinen Teil gern den anderen ab. Mag sein, dass ich deswegen um so viel bessere Zähne hatte als die Landkinder, weil ich überhaupt wenig Süsses ass.

Herr Stelzer, unser Oberlehrer, war die musikalische Autorität in der Gemeinde. Er dirigierte nicht nur den Kirchenchor und spielte die Orgel, er leitete auch den Männerchor und die Theatergruppe des Ortes.

Eines Tages verteilte er einen Brief an unsere Eltern. Er wollte einen Kinderchor gründen und fragte die Eltern der Kinder, die die Note „sehr gut“ im Singen hatten, ob sie mit der Teilnahme ihrer Söhne oder Töchter einverstanden wären. Der Chor sollte an verschiedenen Dorffesten auftreten und vor allem in der Kirche im Hochamt singen

Es wurde ein beglückende Zeit. Herr Stelzer hängte sich sein Akkordeon um und zog mit uns in den Wald hinaus. Dort sangen wir bald mit den Vögeln um die Wette, zweistimmig und dreistimmig alle Lieder, die wir schon kannten und viele neue. Er legte Wert auf eine gute Aussprache, denn „nichts ist lästiger, als wenn man nicht versteht, was der Chor singt.“

Eines der ersten neuen Lieder, die er uns lehrte wurde die spätere oberösterreichische Hymne. Der Text dazu stammte von dem bekannten Heimatdichter Franz Stelzhamer aus Grosspiesenham. Sein Denkmal steht im Linzer Volksgarten.

Hoamatland, Hoamatland
i han die so gern,
wia a Kinderl sei Muada
a Hünderl sein Herrn.

Duris Tal bin ich g´laff´n
auf'm Wieserl bin i gleg´n
und dei Sunn hat mi trickat,
wann mit g´netzt hat dei Reg´n.

Dahoam is dahoam,
wannst net furt muasst, so bleib
denn die Hoamat is ehnda
der zweit Muadaleib.

Welch eine wundervolle Hymne auf die Heimat! Und welch wunderbare Erfahrung, dieses gemeinsame Singen!

Herr Stelzer hatte viel Humor und so sangen wir Lieder, zu denen wir manchmal noch eine Strophe hinzudichteten zum Beispiel zu dem Lied:.

Und jetzt gang i ans Peters Brünnele
und da trink i an Wein
und da hör i den Guggerzer
aus der Mostflaschen schrei´n.

Zwischen Ostern und Pfingsten
geht der meiste Schnee weg
und da heirat mei Diandl
und i hab an Dreck.

Wir lernten lustige Lieder, ernste Lieder, Kanons und die berühmten deutschen Messen von Joseph Haydn und Franz

Schubert. Der alte Pfarrer, sonst meistens griesgrämig und sehr oft unwirsch, weil er im Grunde Kinder gar nicht besonders gern hatte, war erstaunt, was der junge Lehrer zustande gebracht hatte, als er die frischen jugendlichen Stimmen zum ersten Mal vom Chor der St. Laurentiuskirche herunter singen hörte.

Mit diesem Lehrer war eine Persönlichkeit in den Ort gekommen, die das ganze kulturelle Leben prägte. Er verstand es, die bis dahin verborgenen Talente aufzustöbern. Da gab es unter den Bauersleuten solche, die singen konnten und im Chor, zu dritt oder in Quartetten sangen. Begabte Laiendarsteller waren darunter, wahre Könner, die sich zu gemeinsamem Theaterspiel zusammenfanden, und nun auch noch dieser Kinderchor. Wenn sich irgendjemand um die Pflege des Volksgutes verdient gemacht hatte, so war es Oberlehrer Stelzer.

Zur damaligen Zeit gab es noch kein Fernsehen und keine Discos. Wenn wir uns unterhalten wollten, mussten wir es schon selbst tun. Oft trafen sich die Nachbarn am Abend, nach der Arbeit zu einem gemütlichen Schwatz, dann wurde zur Zither und zur Gitarre gegriffen und gesungen. Und nicht wenige dieser Lieder bekamen selbst hinzu gedichtete Strophen, die sich auf den Alltag und die Erlebnisse im Dorf bezogen, also, wenn man will, ein hausgemachtes Kabarett. Was zählte und viele Jahre im Gedächtnis nachwirkte, waren die Gemeinschaftserlebnisse, die ohne moderne Technik, nur mit dem eigenen Können zustande kamen.

Abschied und Neubeginn

Tante Lisa und Tante Lore waren den Winter über bei uns geblieben. Im Frühling hatten sie es gewagt, nach Wien zurück zu kehren. Aber die Nachrichten kamen sehr spärlich. Die Post funktionierte fast noch gar nicht, und jeder Brief wurde geöffnet. Einmal waren sogar ein paar Zeilen herausgeschnitten. Offenbar hatte uns Tante Lisa etwas mitteilen wollen, was sie nicht hätte dürfen.

Damals wusste ich noch nicht, dass ich Tante Lisa erst Jahrzehnte später, als erwachsener Mensch wiedersehen würde. Ihr Anwalt hat sein Büro aufgelöst, die Wohnung verkauft und Tante Lisa stand mit einem Mal vor dem Nichts. Sie hat in Wien alles aufgegeben und ist nach England gegangen, später nach Kanada und zuletzt nach Amerika. Dort hat sie einen neuen Beruf erlernt, wurde Krankenschwester. Die Nachrichten kamen spärlich und blieben schliesslich ganz aus. Ich habe Tante Lisa erst wieder gesehen als sie, dann schon pensioniert, nach Wien zurückkehrte. Manchmal ist es wirklich besser, wenn man nicht in die Zukunft sehen kann. Hätte ich das alles vorher gewusst, so hätte es meine junge Seele sehr belastet, vor allem, dass meine geliebte Tante Lisa, ein Stück meiner Kindheit, verloren war.

Auch meine Mutter war nochmals – diesmal allein – nach Wien gefahren. Frau Halska war inzwischen ausgezogen, und etwas musste mit unserer Wohnung geschehen. Ein junger Polizist mit Frau und Kind war schliesslich froh, ein Dach über dem Kopf zu finden. Die Möbel blieben vorläufig noch in der Wohnung, aber für die anderen Sachen organisierte meine Mutter den Transport nach Oberösterreich. Bei den damaligen Verhältnissen war dies mit fast unüberwindlichen Schwierigkeiten verbunden und brauchte eiserne Nerven, viel Überredungskunst und Schmiermittel in Form von Raucherzuteilungen und anderen Naturalien und dann nochmals gute Nerven, um sicher zu sein, dass die Sachen nicht unterwegs verschwinden würden.

Das Schuljahr ging im Juli zu Ende. Jetzt hiess es Abschied nehmen von Herrn Wenger, von den Klassenkameraden, denn für mich bedeutete es den Übertritt in die Hauptschule. In unserer Gemeinde gab es keine. Ich musste jeden Tag mit dem Zug bis zum nächsten Hauptort fahren. Das hiess: jeden Morgen früh aufstehen, zu Fuss bis zur Bahn gehen, fast eine Stunde fahren, nochmals ein schönes Stück Weg bis zur Schule. Nach dem Unterricht das Ganze in umgekehrter Reihenfolge, Mittagessen erst in den frühen Nachmittagsstunden, Hausaufgaben und viel weniger Zeit für alles andere.

Aber alles war neu und aufregend: In jedem Fach kam eine andere Lehrkraft in die Klasse. Ich hatte Glück mit der Deutsch- und mit der Englischlehrerin, etwas weniger mit meinem Sorgenfach Mathematik, die Lehrerin war sehr streng und leider völlig humorlos. Zudem hatten wir ausserdem das Fach „Schönschreiben“ bei ihr. Es kostete mich viel Geduld und Überwindung, schön zu schreiben und nicht, wie ich es gerne gewollt hätte, möglichst schnell und dafür eben weniger schön. Schnell fand ich neue Freundinnen. Einige von ihnen hatten ein Stück weit den selben Schulweg. Unser Bahnschüler-Dasein machte aber auch Spass. Die Zeit, die wir im Zug verbrachten, verflog im Nu. Manchmal machten wir gleich die Hausaufgaben, fragten einander Englischvokabeln ab oder machten Witze über unsere Lehrer.

Meine Mutter war in letzter Zeit öfter unterwegs in der Landeshauptstadt Linz, um verschiedene Besorgungen zu erledigen, wie sie sagte. Und eines Tages eröffnete sie mir, dass sie einen sehr netten Herrn kennen gelernt hatte, den sie mir nun gerne vorstellen wollte. Daher durfte ich das nächste Mal mit nach Linz fahren.

„Er wird dir gefallen“, sagte sie.

„Woher kennst du ihn denn?“ fragte ich.

„Ich habe ihn im Zug kennen gelernt, und wir haben uns schon einige Male getroffen.“

Ja, natürlich, ich hatte das gar nicht mitbekommen, denn ich war ja täglich viele Stunden unterwegs und nur noch wenig daheim. Da sind mir viele Dinge einfach entgangen.

„Grüss dich Georg“, sagte meine Mutter, „und das ist Helli, meine Tochter“, stellte sie mich vor.

„Das freut mich, dass ich dich endlich kennen lerne, Helli, ich habe schon so viel von dir gehört,“ sagte Georg mit einem freundlichen Lachen und drückte mir die Hand.

Ich erinnere mich noch genau: es war Sympathie auf den ersten Blick. So einen Mann mit solch gütigen Augen, mit so einer warmen Stimme und ohne anbiedernde Freundlichkeit hätte ich mir als Vater gewünscht, wenn ich nicht schon einen gehabt hätte. Aber ich hatte ja gar keinen Vater mehr.

Ein wenig merkwürdig war mir schon zumute. Wäre es tatsächlich möglich, dass jemand anderer wirklich Papas Stelle einnehmen könnte? Vieles ging mir durch den Kopf. Und zum ersten Mal in meinem jungen Dasein kam mir zum Bewusstsein, dass jeder Mensch nur ein einziges Leben hat, auch meine Mutter und gerade sie, meine tapfere, opferbereite Mutter. Sie war noch jung, sie hatte ein Recht darauf, nochmals neu zu beginnen, ein zweites Glück zu finden. Und wenn sie glücklich war, dann war ich es doch auch. Denn Papa würde so oder so nie mehr wieder kommen. Immer wieder, wenn ich in den vergangenen Jahren daran gedacht hatte, tat ich es mit grosser Trauer. Ich brauchte immer einen Gedanken als Rettungsring, der mich über meinen im Krieg gebliebenen Vater, über diesen Verlust hinwegtrösten sollte, und es war immer der gleiche „Schau“, sagte ich mir, „wie vielen Kindern ist es gleich ergangen? Wie viele Frauen haben ihre Männer, wie viele Eltern ihre Söhne verloren? Ja, noch schlimmer: Wie viele Kinder haben beide Eltern verloren? Wie viele Eltern haben gleich ein paar Söhne verloren und wie viele Frauen den Mann und die Söhne?“

Der Krieg ist etwas Furchtbares. Wie kann Gott so etwas zulassen? Es heisst doch immer: Gott will nur das Gute. Warum hat er es dann zu gelassen, dass so viele unschuldige Menschen so viel Leid erdulden müssen? Mein Bild von Gott, von seiner Güte, von seinen Entscheidungen, die mir so unverständlich erschienen, ist immer wieder ins Wanken gekommen. Ich konnte mit einem Male nicht mehr glauben, was uns die Religion lehrte. Und ich hatte Angst, vor meinem mangelnden Glauben. Denn unsere Religionslehrer hatten uns eingebläut: Die grösste Sünde ist der Unglaube.

Im Winter wurde das Bahnschülerdasein immer mühsamer, der Weg zum Bahnhof am Morgen war oft verschneit oder glatt, die Tage waren kurz. Ich ging bei Dunkelheit aus dem Haus und wenn ich heimkam, fiel bald wieder die Dunkelheit ein.

Georg besuchte uns bald bei den Grosseltern. Ihnen und Tante Rosi gefiel er auch mit seiner ruhigen und besonnenen Art. – Im Februar übersiedelten wir nach Linz in Georgs Wohnung. Zur gleichen Zeit organisierte meine Mutter den Transport unserer Möbel aus Wien. Wie das alles vor sich ging, weiss ich nicht mehr genau, auf alle Fälle war es kompliziert und mit vielen Schwierigkeiten verbunden.

Aber meine Mutter hatte einen Menschen gefunden, der vielleicht ihr Leben teilen wollte, der wusste, dass da noch ein Kind war, das Sehnsucht nach einem Vater hatte, das geliebt werden wollte.

Für mich bedeutete dies sofort einen Schulwechsel, mit anderem Schulweg, neuen Mitschülerinnen und ebenso neuen

Lehrern. Stadtkinder sind anders als Landkinder, obwohl ich eigentlich ja kein Landkind, sondern ein Wiener Kind, also ein Stadtkind war. Auch Kinder aus der Stadt selbst sind anders als solche von städtischen Randgebieten, auch dies erfuhr ich nach und nach. Es war nicht egal, die Tochter eines Arztes, eines Anwalts, eines Geschäftsmannes zu sein oder aus dem Arbeiterstand zu kommen.

Georg stammte aus einfachen Familienverhältnissen und aus dem Arbeiterstand, Mutti kam ursprünglich vom Land. In Georgs Leben hatte das Schicksal tiefe Spuren hinterlassen. Als seine Frau ihn wegen eines anderen verlassen hatte, stand der Vater nach der Scheidung mit zwei kleinen Buben, auf die die Mutter verzichtet hatte, allein da und musste für sie waschen, kochen, wirtschaften und für sie sorgen. Er dachte, ein zweites Glück gefunden zu haben und heiratete wieder. Als er dann in die Armee eingezogen wurde und später aus der russischen Kriegsgefangenschaft heimgekehrt war, hatte auch diese Frau einen anderen gefunden und empfing ihn mit den Worten: „Ich dachte, du kommst sowieso nicht mehr heim.“ Dies hiess wiederum: Scheidung, zum zweiten Mal.

Meiner Mutter muss ein gütiger Engel zur Seite gestanden sein, der ihr das nötige Vertrauen gab, mit Georg einen Neuanfang zu wagen. Aber Georg wurde zu meinem Stiefvater, zu dem ich bald nicht mehr „Georg“, sondern aus tiefster Überzeugung „Papa“ sagte. Irgendwann haben meine Mutter und er geheiratet. Ich weiss noch, dass sie in aller Stille, ohne vorher darüber zu reden, angetan mit ihren besten Kleidern und einem Blumenstrauss, aus dem Haus in Richtung Standesamt gingen und als rechtmässig getrautes Ehepaar zurückkamen.

Vom Land in die Stadt

Die Übersiedlung nach Linz brachte eine völlige Umstellung für mein, für unser Leben. Alles war neu: eine neue Stadt, eine neue Schule, neue Lehrkräfte und Mitschüler. Die begonnene Hauptschulklasse vollendete ich in Linz. Lehrerin zu werden, so wie ich es mir nach den Erfahrungen mit Frau Grob aus der 2. Klasse der Volksschule in Wien, vorgenommen hatte, stand als das grosse Ziel vor meinen Augen. Der nächste Schritt führte mich nun nach einer bestandenen Aufnahmeprüfung gleich in die zweite Klasse des Gymnasiums, denn dorthin wollte ich unbedingt.

Es war in der Nachschau ein guter Entschluss und der Leitsatz „Einen draufsetzen, einen Zacken zulegen" hat sich ein weiteres Mal bewahrheitet. Er war sogar besonders gefragt. Es war ja gleichsam ein Sprung ins kalte Wasser, in eine ganz neue Schulwelt und es zeigten sich sofort Unterschiede zwischen dem, was bisher gut war und den höheren Anforderungen im Gymnasium.

Sehr schnell musste ich zum Beispiel die lateinischen Bezeichnungen in der Grammatik lernen. Satzgegenstand und Satzaussage, Eigenschaftswort und Fürwort hiess nun Subjekt und Prädikat, Adjektiv und Pronomen. Wie wichtig dies alles war, wurde mir erst später beim Erlernen von Fremdsprachen bewusst, denn dort muss man mit diesen Begriffen umgehen können. Aber Wissbegierde, Fleiss und eine Portion Ehrgeiz liessen mich alle Schwierigkeiten bewältigen. Auch die völlig neuen Fächer wie Algebra und Geometrie, Physik und Chemie bildeten den Grundstein zu einer guten Allgemeinbildung, die uns von ausgezeichneten Lehrkräften vermittelt wurde.

Bereits ein Jahr später folgte der nächste Meilenstein: Anders, als in früheren Jahren, als die Wahl zwischen Französisch und

Latein erst ab der fünften Klasse zu treffen war, erfolgte diese neu bereits ab der dritten Gymnasialklasse. Ich entschied mich für Latein, ohne damals zu ahnen, wie richtig diese Wahl war. Denn beim Übertritt nach der vierten Klasse Gymnasium ins Lehrerseminar, gehörte Latein zu den Pflichtfächern und ich kam durch meinen Vorsprung von zwei Jahren dort in eine höhere Gruppe. Latein – eine tote Sprache, wie ich gelegentlich hörte? Mir hat es beim Erlernen anderer Fremdsprachen über viele Schwierigkeiten hinweggeholfen. Auch in Englisch schaffte ich es in eine höhere Gruppe. Beides hatte den Vorteil, dass wir viel schneller vorwärts kamen. Dabei tauchten im Hintergrund immer wieder die Worte meiner Mutter auf: „Lerne, was du kannst. Denn wenn du im Leben alles verlierst, so kann dir keiner nehmen, was du im Kopf hast."

Das Leben in der Stadt eröffnete mir eine Reihe anderer Möglichkeiten, auf die ein Landkind verzichten musste. Ins Kino ging ich selten, sondern sparte das Geld so oft wie möglich für einen Opernbesuch im Landestheater.

Es gab eine Volkshochschule, wo ich das Fach Italienisch belegte, eine Sprache, die mir nicht nur half, die Italienisch gesungenen Arien zu verstehen, sondern die von vornherein in meinen Ohren wie Musik klang.

Die Musik kam ohnehin nie zu kurz. Im Gymnasium hatten wir eine Musiklehrerin, die nicht nur einen Chor dirigierte, in dem ich bald mitsingen durfte. Sie vermittelte uns neben dem Singen sehr gute Kenntnisse in Musiktheorie, Formenlehre, Instrumentenkunde, und im Fach Musikgeschichte musste ich meiner Erinnerung nach nie etwas lernen. Denn das Meiste hatte ich mir schon beim Vortrag über Bach und Händel, Mozart, Haydn und Schubert, aber auch über die grossen deutschen und italienischen Opernkomponisten gemerkt, so sehr hatte es mich stets interessiert.

Das grösste Hindernis aber stand mir nach der Vollendung der vierten Klasse bevor, nämlich die Aufnahmeprüfung ins Lehrerseminar. Es gab viel mehr Kandidatinnen und Kandidaten, die den Lehrerberuf ergreifen wollten, als Plätze dafür vorhanden waren. Dementsprechend hoch waren die Anforderungen. Neben einer psychologischen Eignungsprüfung, die allein einen ganzen Tag dauerte, wurde neben den Fächern Deutsch und Mathematik eine sehr strenge Auslese im Fach Musik getroffen. Wie froh konnte ich sein, dass ich einen so umfassenden Unterricht im Gymnasium erhalten hatte. Später einmal fragte ich unseren Musikprofessor, wieso eine so strenge Aufnahmeprüfung ausgerechnet in Musik verlangt wurde. Er sah mich erstaunt an und antwortete: „Wir können doch nicht haben, dass ganze Ortschaften unmusikalisch werden, nur weil der Lehrer nicht musikalisch ist.“ So einfach hörte es sich an, ist aber in der Nachschau typisch für meine Heimat Österreich, in der die Musik einen sehr hohen Stellenwert besitzt.

Es fiel mir ein ganzes Gebirge von der Seele, als ich die Nachricht von der bestandenen Aufnahmeprüfung erhielt und es kam mir fast wie ein Wunder vor, dass ich unter den fünfundzwanzig aufgenommenen Kandidatinnen war, und mit einem Mal wurde mir wieder bewusst: Ich bin ein Sonntagskind.

Es folgten fünf Jahre der Ausbildung zur Lehrerin. Sie waren geprägt von Arbeit, Fleiss, aber auch Entbehrung und Verzicht. Man darf nicht vergessen, dass es immer noch Nachkriegswehen gab. Es musste an allen Ecken und Enden gespart werden, und wir waren ja so ziemlich alle in der gleichen Lage. Das begann schon beim Bücherkauf, wo wir jeden Groschen umdrehen mussten. Wir kauften ein Buch den Kollegen vom folgenden Jahrgang ab und verkauften unseres dem uns nachfolgenden. So machte ein Buch eine „Reise“ durch fünf Jahrgänge. Dies hatte zur Folge, dass ich noch in späteren Jahren niemals in ein Buch etwas hinein gekritzelt habe. Ich war daran gewöhnt, es zu schonen.

Bücher gab es damals ohnehin nur wenige. Wir hatten stets das Wichtigste der Vorträge unserer Lehrer mitzuschreiben. Das war nicht nur ein Nachteil. Denn ich stellte fest, dass ich das, was ich selbst mitgeschrieben hatte, leichter lernte, als das, was in einem Buch stand. Da wir auch Stenografie als Freifach hatten, liessen sich mit den Kürzeln Texte leichter mitschreiben.

Es war keine leichte Zeit, denn es fehlte an allem. Auch die Schulleitung hatte Probleme, zum Beispiel, die Schulräume zu heizen. Manchmal haben wir unsere Stühle in den Garten an einen sonnigen Platz hinunter getragen, gleich auch noch die Tafel, und der Unterricht fand im Freien statt.

Über die Erinnerungen an diese fünf Jahre im Kreise von fünfundzwanzig Kolleginnen und den Kollegen des Paralleljahrganges liesse sich allein ein ganzes Buch schreiben. So hart die Zeiten waren, so viel uns abverlangt wurde, so viel Positives ist mit den Erinnerungen an die gemeinsamen Jahre verbunden. Langeweile kam nie auf, denn das Schulleben erfuhr viel Abwechslung mit allerlei Anlässen, die mit Darbietungen, musik- oder literaturbegabter Kollegen umrahmt wurden. Wir hatten ein Schulorchester und einen Chor, einen Chor, der sogar bei Anlässen der Stadt Linz öffentlich auftrat. Einmal fuhren wir nach St. Florian, in das Augustiner Chorherrnstift, wo Anton Bruckner früher gewirkt hatte und sangen am Sarkophag des Komponisten sein wunderschönes „Locus iste".

Was am meisten zählte, waren die vielen gemeinsamen Erlebnisse, die Kameradschaft und die Hilfsbereitschaft untereinander. Was einer nicht hatte, hat ihm der andere gegeben, was einer nicht konnte, hat ihm ein anderer erklärt. Da gab es keine Eigenbrötelei und keinen Neid, denn es ging ja allen ungefähr gleich. Der Zusammenhalt hat sich über die folgenden Jahre fortgesetzt und jeder freute sich stets auf ein Wiedersehen mit ehemaligen Kollegen.

Und endlich war es soweit: der grosse Tag kam, nämlich die Matura. Da ging nochmals ein Zittern und Bangen durch die Reihen, denn noch war es ja nicht ausgestanden. Aber ich will es kurz machen: Alle, restlos alle – beider Klassen – haben bestanden. Das war etwas, was es an dieser Schule noch nie gegeben hatte. Unsere Handarbeitslehrerin hat auf dem Dach ein weisses Leintuch zum Zeichen der Freude ausgesteckt. Alle sollten es erfahren.

Ein grosser Schritt ohne Wiederkehr

Während meiner ersten Jahre im Seminar – ich war gerade eben sechzehn Jahre alt - hatte ich an einem Gartenfest unserer Schule, zu dem auch junge Leute aus anderen Schulen erschienen waren, meinen späteren Mann kennengelernt. Er stand gerade vor dem Abschluss seiner Ingenieur-Ausbildung. Als er sie beendet hatte und in eine Firma eintrat, die ihren Hauptsitz in der Schweiz hatte, machte man ihm nach einigen Monaten das Angebot, für ein Jahr in die Schweiz zu gehen. Ich war zurück geblieben, denn ich hatte ja noch zwei Jahre zu absolvieren.

Nach der Abschlussprüfung wurde uns mitgeteilt, dass wir mindestens ein Jahr lang keine Lehrerstelle bekommen würden, es gab einfach keine. Es war wohl Schicksal, dass ich beschloss, ebenfalls für eine gewissen Zeit in die Schweiz zu gehen und vorübergehend in einem Haushalt zu arbeiten. Als Lehrerin hatte ich damals in der Schweiz keine Chance auf eine Stelle. Meine Mutter hatte bittere Tränen geweint, als ich die Heimat verliess. Sie hat wohl geahnt, dass es keine Wiederkehr geben würde. – Sie hat Recht behalten. Denn es folgte keine Rückkehr, sondern Heirat und Familiengründung und ein neues Leben in der zweiten Heimat.

Einmal nahm ich einen Anlauf, um in der Schweiz in meinen angestammten Beruf einzusteigen. Aber zur damaligen Zeit wurde mir, als Ausländerin und ohne Ausbildung in der Schweiz, keine Stelle geboten. Das schmerzte mich, denn ich hatte ja den Beruf aus Liebe und Überzeugung gewählt. Aber eines Tages tat sich ein ganz neuer Blick in die Zukunft auf. Gesucht wurde in einer Schule für Erwachsene eine Lehrkraft für das Fach „Deutsch für Fremdsprachige“. Da griff ich sofort zu.

In der Zwischenzeit hatte ich während einiger Jahre einen Russischkurs im Schweizer Fernsehen mitgemacht und mit einem Diplom abgeschlossen. Mit meinen Kenntnissen in Englisch, etwas Französisch, dem Italienisch von der Volkshochschule Linz und eben dem Russisch, später auch noch Spanisch, brachte ich gute Voraussetzungen mit: Über zwei Jahrzehnte habe ich Menschen aus mehr als fünfzig Nationen Deutschkenntnisse vermittelt und sie bis zur Prüfungsreife auf verschiedenen Stufen geführt. Diese Menschen sind alle freiwillig zu mir gekommen. Schwierigkeiten, wie ich sie vielleicht beim Unterrichten von Kindern mit Eltern oder Schulbehörden gehabt hätte, sind mir erspart geblieben.

Das Unterrichten von Menschen verschiedener Nationen, Sprachen, Rassen, Religionen, Hautfarben und Temperamente hat mich zu einer echten Kosmopolitin werden lassen und mich gelehrt, mit ihnen vorurteilsfrei umzugehen. Dieser Einstieg war wohl eine der besten Erfahrungen, die ich als Sonntagskind machen konnte.

Ich bin Österreicherin geblieben und habe keinen Grund gesehen, meine Staatsbürgerschaft aufzugeben. „Warum sollte ich? Ich komme aus einem ordentlichen Land, bin nicht staatenlos, ich bin eine deutschsprachige Europäerin," antworte ich auf Fragen, warum ich nicht Schweizerin geworden bin. Eine ähnliche Antwort hat auch mein Mann auf solche Fragen stets gegeben.

Ich fühle dass ich meine Wurzeln immer noch in der Heimat habe. Aber ich liebe die Schweiz, sie ist mir zur zweiten Heimat geworden, ich liebe ihre Natur, ihre Menschen, ich achte ihre Sitten und Gebräuche, passe mich der Lebensart an, und ich darf aus voller Seele sprechen, wenn ich sage: Ich habe noch nie wegen meiner Nationalität mit Menschen Probleme bekommen. Oder habe ich einfach immer Glück gehabt? Klar! Ich bin nicht nur an einem Sonntag geboren, ich bekam dazu auch die Kraft und den Mut geschenkt, die Schwierigkeiten, Schicksalsschläge und Erlebnisse zu meistern, wie sie ein Krieg und eine harte Nachkriegszeit mit sich brachten.

Wem ich in meinem Leben am meisten verdanke

In erster Linie meiner Mutter. Ihre Eigenschaften und Verdienste habe ich versucht zu würdigen. Sehr viel verdanke ich meinen Lehrern, die mir das nötige solide Rüstzeug mitgegeben haben, um mein Lebensschiff durch alle Strömungen eines bewegten Lebens zu steuern.

Einen sehr grossen Anteil meines Dankes verdient mein Mann. Denn er hat mich Vieles gelehrt. Es waren nicht nur praktische Dinge, wie den Umgang mit Apparaten oder dem Computer. Vielmehr waren es fundamentale Ratschläge, wie man lebt. Schrieb ich vielleicht einmal einen Brief, um mich irgendwo zu wehren, zu beschweren, mich zu erleichtern, dann sagte er: „Überleg dir, was du erreichen willst. Wenn du es so schreibst, wirst du es nicht erreichen, denn der andere ist schon von vornherein negativ eingestellt." Oder er sagte etwa: „Schlaf noch eine Nacht drüber und entscheide morgen", wenn ich bei einer Sache noch unschlüssig war. Und letztlich noch: „Verschiess nicht heute schon dein ganzes Pulver, spare noch etwas Munition für später." Und wenn ich mich über eine Sache unbändig ärgerte, dann zitierte er den Münchner Komiker Karl Valentin, der sagte: „Gar net ignorier´n." Leider hat mir der Tod den Mann, dem ich am liebsten die Sterne vom Himmel geholt hätte, viel zu früh entrissen und dazu fällt mir die Zeile des Liedes „Der gute Kamerad" nach dem Text von Uhland ein: „…als wär's ein Stück von mir." Es war nicht nur Liebe, sondern eine sehr gute und lange Kameradschaft.

In einer kurzen Schlussbetrachtung hier die Feststellung: Wenn die Zeiten hart sind, entwickeln die Menschen meist ein grosses Zusammengehörigkeitsgefühl. Sie helfen einander in schwierigen Situationen, ohne viel Aufhebens. Was einer nicht hatte, damit half der andere aus. Was einer nicht konnte, zeigte ihm der andere und umgekehrt. Das galt, wie erwähnt, für die gegenseitige Hilfe schon in der Schule, dann aber auch in der Nachbarschaft, unter Freunden und Kollegen. Dass mit steigendem Wohlstand diese Eigenschaften manchmal wieder in den Hintergrund getreten oder gar auf der Strecke geblieben sind, ist bedauerlich. Aber bei manchen meiner Mitmenschen sind sie zum Glück dennoch erhalten geblieben.

Worterklärungen

Strange/Strangen
in Österreich und in der Schweiz für
der Strang, die Stränge

Radlbock
Schiebkarre aus Holz zum Transport von Brennholz

Auf die Stör gehen
Bei anderen Leuten handwerkliche Arbeiten verrichten

Haftel
Schliesse aus Haken und Ösen an Kleidungsstücken

Inhalt